JN085085

人事部のための

副業・兼業

労務行政研究所[編]

管理の実践ノウハウ

労務行政

はじめに

　近年、副業・兼業を認める企業が増えてきています。その背景には、政府が「働き方改革実行計画」において副業・兼業の普及促進を図る方針を示したことを契機として、複数の会社等に雇用される労働者（複数就業者）に係る法整備が進んだことが挙げられます。厚生労働省は、「副業・兼業の促進に関するガイドライン」の策定・改定を行い、労働時間管理や健康管理のルールを示す一方で、複数就業者の労災保険給付や65歳以上の副業者の雇用保険等に関する法令も整備してきました。一方で、コロナ禍において広まった働き方の根本的な見直し、多様な働き方を可能にするデジタルツールの進歩・普及といった社会的・技術的な背景も、副業・兼業への関心が高まってきた大きな要因となっています。

　本書は、このような状況を踏まえて、企業において副業・兼業の労務管理を実践する立場にある人事部門の担当者向けに、副業・兼業管理の留意点を多角的に取り上げ、総覧できる書籍として企画したものです。

　近年の副業に関する動向（第1章）、社員が副業を始める際の労務管理（第2章）、副業人材を受け入れる場合の労務管理（第3章）、Q&Aで押さえる副業の実務（第4章）といったテーマについて、シンクタンクに所属する研究者、第一線で活躍する社会保険労務士や弁護士などの専門家に解説いただくとともに、副業制度の導入・運用に関する先進企業の取り組み事例（第5章）を紹介しています。

　これからの時代における企業価値向上や従業員のキャリア構築支援を見据え、副業・兼業を推進する必要性を実感する一方、具体的な制度運用には頭を悩ませている人事担当者の皆さまに、本書がお役に立てると幸甚です。

　2023年7月

労務行政研究所　編集部

人事部のための
副業・兼業管理の実践ノウハウ

目　次

第1章　近年の副業に関する動向　　　13
株式会社パーソル総合研究所　上席主任研究員　小林　祐児

第5章　副業に関する企業の取り組み事例　　149

キリンホールディングスの副業活用施策 ─────────── 150
　副業推進・副業人財の受け入れにより、多様な人財の活躍を
　イノベーション創発につなげる

東芝における副業制度の導入 ──────────── 168
主体的なキャリア形成を目指し、副業制度をトライアル導入

参考資料
厚生労働省「副業・兼業の促進に関するガイドライン」Q&A（一部抜粋）── 175

凡　例

◆法令名の略称

安衛法：労働安全衛生法

育介法：育児休業、介護休業等育児又は家族介護を行う労働者の福祉に関する法律

外為法：外国為替及び外国貿易法

均等法：雇用の分野における男女の均等な機会及び待遇の確保等に関する法律

下請法：下請代金支払遅延等防止法

独占禁止法：私的独占の禁止及び公正取引の確保に関する法律

労基法：労働基準法

労契法：労働契約法

労災保険法：労働者災害補償保険法

労働施策総合推進法：労働施策の総合的な推進並びに労働者の雇用の安定及び職業
　　　　　　　　　　生活の充実等に関する法律

◆告示・通達の略称

基発：厚生労働省（旧労働省）労働基準局長名で発する通達

厚労告：厚生労働大臣告示

労告：労働大臣告示

※法令・URL 等は、2023 年 6 月 1 日時点のもの。

※図表内の構成比の数値は、小数点以下第 2 位を四捨五入しているため、個々の集計
　値の合計は必ずしも 100％とはならない。

第1章

近年の副業に関する動向

株式会社パーソル総合研究所　上席主任研究員

小林 祐児

1 | 副業の概要

[1] 副業とは何か

　近年、日本の労働に関するトピックとして注目を集めているものの一つが、副業・兼業です。

　副業・兼業とは、一般的には「複数の仕事を掛け持つこと」を意味します。「主となる仕事以外の仕事」という副次性が強調されるときには「副業」、「複数の仕事を掛け持つ」という複数性が強調されるときは「兼業」と使い分けられることもありますが、一般的にも行政用語としてもほぼ同じ意味で用いられていますので、本書でも使い分けず、以降「副業」と表記していきます。

　副業そのものはかつてから存在していましたが、この4〜5年ほどで人事や経営の課題として上るケースが増え、そして一般的な関心も高まり、実践する人も増えていっています。さらに発展的な事例として、同じ企業の中で複数の業務をまたいで働く「社内副業」や、本業の企業で勤務しながら副業として起業する「副業起業」への注目が高まるなど、多彩なバリエーションが現れてきています。

[2] 副業が注目される背景

　副業が世間で注目を集めている背景は何でしょうか。

　第一に挙げられるべきことは、日本のマクロトレンドとしての労働力供給の不足です。今後数十年、生産年齢人口の減少によって、日本では数百万人単位で労働力が不足していきます。コロナ禍での経済衰退による失業率もリーマンショック直後の時期ほどまでには上がらず、2022年には人手不足感は再度多くの業種で高まりました。今後も、さらなる少子高齢化に伴って人手不足感は増していく趨勢です。

　この大きな社会課題に対し、労働環境の変革を企図して始まったのが第2次安倍政権による「働き方改革実行計画」（平成29年3月決定）です。その中において副業・兼業は、新たな技術の開発、オープンイノベーションや起業の

手段、第2の人生の準備に有効とされ、労働生産性の改善、多様なキャリアパスの整備などと同時に推進されることとなりました。

　また、各地方自治体もこの副業の流れを地方創生の一つの機会だと捉えています。移住して地方の企業で専業者として働くのではなく、副業者としてゆるく地方の企業とつながる「関係人口」の動向も注目されています。「ふるさと副業」といった地方の企業と都市圏の就業者をつなげようとする動きも活発化しています。

　さらに副業が世間的な注目を集めるきっかけとなったのは、厚生労働省が平成30年（2018年）1月に行ったモデル就業規則の改定です。労働者の遵守事項の「許可なく他の会社等の業務に従事しないこと」という規定を削除し、副業についての規定を新設しました。この2018年は「副業元年」と呼ばれ、人事業界だけではなくメディアの副業への注目も一気に集まりました。

　ここに、2020年からのコロナ禍によるテレワークの普及が重なります。新型コロナウイルス感染拡大に伴って、2020年3月には13.2％だったテレワーク実施率は、4月には27.9％へとわずか1カ月の間に2倍以上に跳ね上がりました（パーソル総合研究所「新型コロナウイルス対策によるテレワークへの影響に関する調査」より、正規雇用者データ）。その後、感染者数の波に影響されて率を増減させながら、2022年7月の段階では25.6％となっています。

　このように一気にテレワークを始めたことにより、労働者としては毎日の通勤時間が大きく削減され、それと同時に、企業活動の停滞によって時間外労働も大きく減りました。本業の経営不安も重なったことで、新しくできた時間に副業を検討する人が増加し、副業募集情報を掲載するプラットフォームも活性化しました。

　副業者数の経年変化を見られるデータは限定的ではありますが、総務省統計局の「就業構造基本調査」では、2017年の時点で副業者は267万8400人でした。複数の会社等に雇用されている者を複数就業者として集計したデータを見れば、2002年から2017年の15年間に1.5倍以上増えていることが分かります [図表 1-1]。

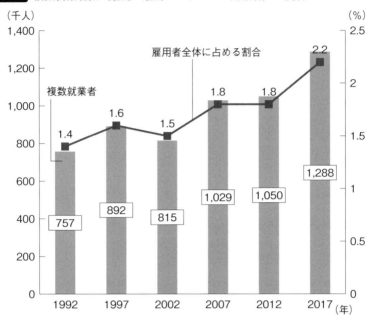

図表 1-1 複数就業者数（雇用×雇用のパターンの副業者）の変化

資料出所：総務省統計局「就業構造基本調査」
［注］同調査における「雇用者」には、「会社などの役員（会社の社長、取締役、監査役、団体・公益法人や独立行政法人の理事・監事などの役職にある者）」も含まれている。

［3］ 副業に関わる労働者側の変化

　副業に耳目が集まっている大きな理由を述べましたが、今後の副業の動向について議論するには、労働者個人と民間企業の動向も視野に入れる必要があります。

　まずは働き手サイドの価値観の変化です。ここ 10 年ほどの働く個人の就業価値観の変化を一言でまとめるとすれば、「脱・組織化」の趨勢と言い表すことができます。

　70 歳までの就業が現実味を帯びてきた一方で、ビジネス環境の変化は速くなり、一つの組織・企業に人生を丸ごと預けようとする人が減ってきています。リーマンショック、コロナ禍と経済の大きな変節も経験し、「一つの企業で最

初から最後まで働く」という形の現実味が薄れてきました。実際に転職するかどうかは別にして、"転職という選択肢は常に用意しておく"というような就業意識が広がっています。長時間労働から退避する意識の広がり、ワーク・ライフ・バランスの意識拡大も進みました。

　この個人の「脱・組織化」の趨勢にフィットするのが、「副業」という働き方の選択肢です。今の会社から転職まではせずとも、年収上昇や成長機会のために副業を検討する個人が増えてきています。

[4] 副業に関わる企業の人材マネジメントの変化

　企業側の変化も重要です。ここ20年で、個人の「自律的なキャリア形成」を支援するという人事ポリシーを表明する企業が増えました。先ほどの人手不足に加え、女性活躍や外国人の採用など、人材の多様性が増してくると同時に、組織内で出世を目指していく単線的なキャリアだけでは多くの働き手を引き付けることができなくなりました。企業の人材マネジメントを担当する部署の"サービス産業化"も進み、多様な個性を生かしていくことが、組織成長に欠かせないものだという認識が広がりました。

　2000年代から、各社の中期経営計画の人材戦略に「キャリア自律」という言葉が躍るようになり、人事部内に「キャリア開発室」などのキャリア支援・教育機能を持つ部署を設置する企業が相次ぎました。社内人材が多様なキャリアを歩めるようにする制度が多くの企業で整備され、専門職・エキスパートのための複線型の等級制度、公募制度、社内FA制度、キャリアカウンセリング機能の増強などが進みました。

　「個」を重視する人材マネジメントの流れに加えて、背景には、年功的に上昇する人件費の逼迫、中高年層の社内での不活性化という人事課題も横たわっています。経済後退期には、早期退職募集が繰り返されることも見られます。

　背景をまとめましょう。「経済の不安定化と就業人生の長期化を背景に、一つの組織に依存せずに生きていきたい個人」、「人材の多様化や組織高齢化を背景に、自律的キャリア形成を支援し始めた企業」、「労働者不足を背景に、働き

方の柔軟性を高めたい行政」という三者の動向が重なる点にあるのが「副業」です。

　これらに含まれる多くの要素は、単なる流行というよりも、大きなトレンドとして続いていくものです。副業はコロナ禍と副業解禁（働き方改革）が生んだ「バズワード」ではなく、これからも地殻変動的に続いていくロングトレンドと見るべきでしょう。

2 | データで見る副業の現在地

　では、副業は実際にどの程度増えてきたのか、パーソル総合研究所が2018年と2021年に人事・経営層と就業者に対して実施した副業に関する調査データから企業と就業者の動向を確認していきましょう（以降のデータは、パーソル総合研究所「第二回　副業の実態・意識に関する定量調査」より）。

[1] 副業に関する企業動向

　まず、「副業解禁」のガイドライン改定に敏感に反応したのは、就業者よりも企業のほうでした。2018年のデータと業界や企業規模を合わせた形で比較すると、2021年は、副業を「全面容認」とする企業が14.4％から9.3ポイント増加し23.7％となりました [**図表1-2**]。31.3％を占める「条件付き容認」と合わせると55.0％で、3.8ポイントの上昇です。

　企業が副業を認める理由を見ると、「従業員の収入補填のため」が34.3％で最多となりました [**図表1-3**]。また、2位以下には「禁止するべきものではないので」（26.9％）、「個人の自由なので」（26.2％）といった理由が並びます。モデル就業規則改定により、副業を認めるのは「当然のこと」である、という企業側の感覚の変化も大きくなっていることが分かります。なお、2018年と比較してもこの「禁止するべきものではないので」という容認理由は5.6ポイント増加していました。

　ちなみに、副業を禁止している理由としては、「自社の業務に専念してもら

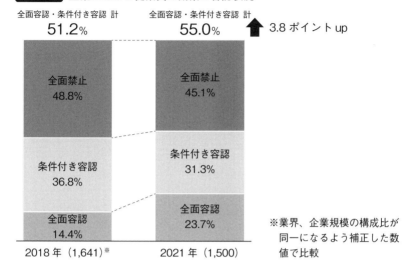

図表 1-2 企業における従業員の副業の容認状況

全面容認・条件付き容認 計
51.2%

全面容認・条件付き容認 計
55.0%   ⬆ 3.8 ポイント up

全面禁止
48.8%

全面禁止
45.1%

条件付き容認
36.8%

条件付き容認
31.3%

全面容認
14.4%

全面容認
23.7%

2018 年（1,641）※

2021 年（1,500）

※業界、企業規模の構成比が
同一になるよう補正した数
値で比較

資料出所：パーソル総合研究所「第二回　副業の実態・意識に関する定量調査」
（2021 年、以下［図表 1-3 ～ 1-14］も同じ）

図表 1-3 副業の容認理由（1 ～ 3 位選択）

順位	容認理由（副業容認企業　n＝824 社）	（%）	
1 位	従業員の収入補填のため		34.3
2 位	禁止するべきものではないので		26.9
3 位	個人の自由なので		26.2
4 位	働き方改革の促進のため		21.8
5 位	従業員のモチベーションの向上のため		20.3
6 位	優秀な人材の定着（離職率の低下）のため		18.9
7 位	従業員の視野拡大・自主性向上のため		18.4
8 位	優秀な人材の確保（採用活動）のため		16.5
9 位	従業員のスキル向上のため		16.1
10 位	従業員の社外での人脈拡大のため		9.5
11 位	従業員の生産性の向上のため		8.1
12 位	イノベーションの拡大のため		6.7
13 位	転職や再就職の支援のため		5.8
14 位	社会貢献のため		5.5
15 位	企業イメージの向上のため		5.2

いたいから」が 49.7％で最多です。以下、「疲労による業務効率の低下が懸念されるから」（42.1％）、「従業員の過重労働につながるから」（39.7％）が続きます。副業の容認によって、こうした懸念が現実化しているのかどうかについても、後ほど詳しく見ていきたいと思います。

[2] 副業に関する就業者の動向

さて次に、副業をしている就業者の姿を明らかにしていきましょう。ここからは、パーソル総合研究所「第二回　副業の実態・意識に関する定量調査」より、近年特に注目を集めている正規雇用者（正社員）の副業実施状況データを見ていきます。

全国の 20 〜 59 歳男女の正社員（有効サンプル数 3 万 4824 を国勢調査の性年代構成比に補正）で、現在副業を実施している割合は 9.3％となりました **[図表 1-4]**。また、副業を「現在はしていないが、過去にしたことがある」人が 9.5％、未経験者が 81.2％です。今副業していない人の意向として、副業意向がある層は 40.2％で、こちらは 2018 年時と同等でした。企業の動きと比べれば、実際に副業に踏み出す就業者は爆発的に増えているわけではなく、中期的にジワジワ増えてきているというのが実情でしょうか。

副業実施率を年代別に見ると、男女ともに 20 代が多く、50 代にかけて少なくなります（**[図表 1-4]** 中央）。若い世代のほうが、新しく注目されてきた副業に敏感に反応している様子がうかがえます。

また、年収別に見ると、200 万円から 1500 万円未満の層では副業実施率はほぼ横ばいですが、1500 万円以上の高年収層になると、一気に副業率は上がります（**[図表 1-4]** 下）。高年収層はサンプル数が少ないため数値も動きやすくなっていますが、高年収層ほど副業をしているというこの傾向は、所得格差の問題を考えると社会的な課題ともいえます。

副業の就業形態は、正社員、パート・アルバイトなど直接雇用の形態のほか、起業して事業主として行うもの、フリーランスとしての業務委託など多様な形態があります **[図表 1-5]**。最も多いのは「パート・アルバイト」で 28.7％。

図表 1-4 正社員の副業実施状況

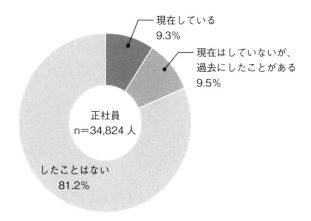

●性年代別の状況

性年代別	回答者数	現在副業をしている割合（%）
男性 20 代	3,715	13.9
男性 30 代	6,324	12.1
男性 40 代	7,496	8.4
男性 50 代	5,895	5.8
女性 20 代	2,885	10.9
女性 30 代	3,029	9.0
女性 40 代	3,116	7.2
女性 50 代	2,364	6.9

●個人年収別の状況

本業の個人年収別	回答者数	現在副業をしている割合（%）
200 万円未満	1,770	8.9
200 〜 400 万円未満	12,158	9.8
400 〜 600 万円未満	9,739	10.8
600 〜 800 万円未満	3,895	9.3
800 〜 1,000 万円未満	1,607	9.5
1,000 〜 1,500 万円未満	884	8.3
1,500 〜 2,000 万円未満	130	18.8
2,000 万円以上	127	33.5

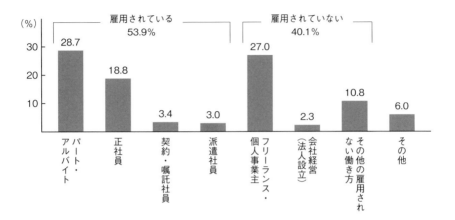

図表 1-5 正社員の副業の就業形態

副業者 n=1,703 人

雇用されている 53.9%
- パート・アルバイト 28.7
- 正社員 18.8
- 契約・嘱託社員 3.4
- 派遣社員 3.0

雇用されていない 40.1%
- フリーランス・個人事業主 27.0
- 会社経営（法人設立）2.3
- その他の雇用されない働き方 10.8
- その他 6.0

「フリーランス・個人事業主」が 27.0％で続きます。企業に雇用されている働き方をしている人は全体の 53.9％と半数以上に上りました。

　副業の内容はというと、かなり多様なものが並びます **［図表 1-6］**。ブログや各種 WEB サイトの運営によるアフィリエイト収入、YouTube の広告収入などを副業として得ている人が多いようです。一方で、本調査が WEB や IT に親和性の高いインターネット調査モニターの特徴を反映していると思われることは差し引いて見る必要はあります。

　特にコロナ禍以降は、Uber Eats 等による個人配送業が話題を集めており、そうした配送・物流関連の副業者も多くなっていますが、全体的に分布も平らでさまざまな副業が行われていることが確認できます。ちなみに副業で得た月収の中央値は 4.1 万円、1 カ月当たりの労働時間と月収から計算した時給の中央値は 1883 円でした。

　では、こうした副業者はなぜ副業を行うようになったのでしょうか。個人の副業動機を見てみましょう **［図表 1-7］**。

図表 1-6 正社員の副業内容（複数回答）

副業者 n=1,703 人

順位	副業職種・職業	(%)
1 位	WEB サイト運営（ブログ運営、YouTube など）	12.6
2 位	配送・倉庫管理・物流	11.2
3 位	ライター・WEB ライター	8.6
4 位	e コマース（インターネット通販・ネットショップ販売）	7.7
5 位	販売・サービス系職種（店舗内・事業所内）	7.3
6 位	事務・アシスタント（データ入力含む）	6.4
7 位	その他専門職	6.2
8 位	フードデリバリー・配達	6.0
9 位	医療系専門職種	5.3
10 位	IT 系技術職種	4.9
11 位	製造（組立・加工）	4.8
12 位	福祉系専門職（介護福祉士・ヘルパーなど）	4.5
12 位	教員・講師・インストラクター	4.5
14 位	その他クリエイティブ系（デザイナー、各種クリエイター）	4.2
15 位	WEB クリエイティブ（WEB デザイナー、プランナー、プロデューサーなど）	4.0
16 位	商品開発・研究	3.9
17 位	不動産関連　専門職種	3.7
18 位	営業	3.6
19 位	顧客サービス・サポート	3.5
20 位	建築・土木系　技術職種	3.3

図表 1-7 正社員個人の副業動機

副業者 n=1,703 人

※聴取方法：あてはまる↔あてはまらない　5段階尺度

順位	副業動機	あてはまる・計（%）	2018 年順位
1 位	副収入（趣味に充てる資金）を得たいから	70.4	→ 1 位
2 位	現在の仕事での将来的な収入に不安があるから	61.2	→ 2 位
3 位	生活するには本業の収入だけでは不十分だから	59.8	→ 3 位
4 位	自分が活躍できる場を広げたいから	50.0	↑ 5 位
5 位	本業では得ることができない新しい知見やスキル、経験を得たいから	48.9	↑ 6 位
6 位	副業で好きなことをやりたいから	48.2	↓ 4 位
7 位	現在の職場で働き続けることができるか不安があるから	46.7	↑ 8 位
8 位	さまざまな分野の人とつながりができるから	45.4	↑ 9 位
9 位	会社以外の場所でやりがいを見つけたいから	45.4	↓ 7 位
10 位	時間のゆとりがあるから	45.1	↑ 15 位

副業動機上位の 1 〜 3 位は「副収入（趣味に充てる資金）を得たいから」
(70.4％)、「現在の仕事での将来的な収入に不安があるから」(61.2％)、「生活
するには本業の収入だけでは不十分だから」(59.8％) と、やはり収入補塡の
目的が挙がりました。これは 2018 年から順位も変わらない傾向であり、金銭
的報酬は副業のメインの目的です。

　一方、2018 年から 2021 年の 3 年間で伸びたのは、「自分が活躍できる場を
広げたいから」(50.0％)、「本業では得ることができない新しい知見やスキル、
経験を得たいから」(48.9％) などの動機です。このように、自己成長を目的
とした積極的な理由が順位を上げてきています。

　これらの副業動機を裏から見てみると、日本の労働市場が閉塞（へいそく）しているとい
う状況も透けて見えます。多くの企業では既存ビジネスの成長が鈍化し、管理
職ポストも減ってきました。本業の会社で働いているだけでは、活躍できる場
や十分な賃金が得られないという状況が、多くの労働者を副業へと引き付けて
いるということです。収入をアップさせたい一方で、本業の会社でやりがいを
感じられない人々にとって、副業が大きな選択肢になりつつあります。

3 | 副業に関する企業のメリット

　さて、先ほど［**図表1-2**］で見たとおり、企業の約半数はいまだに副業解禁に踏み切っていません。これから自社で副業を容認するかどうか悩む企業にとって、副業を解禁することでどんなメリットとデメリットが生じるのかを整理していくことは必須の作業です。そこで、本項ではまず副業のメリットについて、副業者の実態データから確認していきましょう。

[1] 副業という「越境学習」経験

　パーソル総合研究所「第二回　副業の実態・意識に関する定量調査」では、副業を行っている従業員を対象にして、副業を実施したことによっての変化（特に本業へのプラスの効果）を聴きました。すると、「視野が拡大した」が44.6％と最も高く、「自律性・主体性が高まった」（35.1％）や「モチベーションが高まった」（34.6％）などのマインドセット面での変化が3割以上、「本業に役立つスキル・知識が身についた」（30.9％）などのスキル面の成長実感も、約3割の副業者が感じているという結果になりました［**図表1-8**］。

　これらの数値を見ると、働き方改革によって政府が示した「労働者のスキル・知識の獲得」「労働者の自律性・自主性の促進」といった副業の狙いが一定程度実現しているといえるでしょう。

　今、人材マネジメントにおいて注目を集めているのが、「越境学習」です。越境学習とは、普段とは異なる会社や組織に身を置いて働くことで新しい学びを得るという学習プロセスです。［**図表1-8**］に見られる副業による成長実感も、越境的な学習プロセスとして整理することができます。

　言葉が通じる同僚や上司がいるホームの（本業の）職場に対して、アウェーとなる別の職場（副業先）では、使う言葉から働く上での価値観、持っているスキルまで、さまざまな点で違った人々と働くことになります。ホームの就業環境では得られないそうした視点や経験は、本業としてのホームでの働き方にも生かしていくことができます。このような社会人の越境的な学習の仕方が着

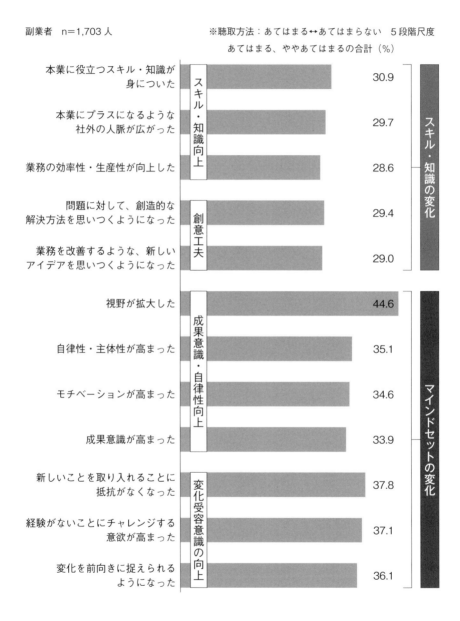

図表 1-8 副業による本業へのプラスの効果

副業者　n=1,703人　　　　　　　　　※聴取方法：あてはまる↔あてはまらない　５段階尺度
あてはまる、ややあてはまるの合計（％）

項目	カテゴリー	数値	大分類
本業に役立つスキル・知識が身についた	スキル・知識向上	30.9	スキル・知識の変化
本業にプラスになるような社外の人脈が広がった		29.7	
業務の効率性・生産性が向上した		28.6	
問題に対して、創造的な解決方法を思いつくようになった	創意工夫	29.4	
業務を改善するような、新しいアイデアを思いつくようになった		29.0	
視野が拡大した	成果意識・自律性向上	44.6	マインドセットの変化
自律性・主体性が高まった		35.1	
モチベーションが高まった		34.6	
成果意識が高まった		33.9	
新しいことを取り入れることに抵抗がなくなった	変化受容意識の向上	37.8	
経験がないことにチャレンジする意欲が高まった		37.1	
変化を前向きに捉えられるようになった		36.1	

目され、人材マネジメントにおいても活用が模索されています。

　流動性が低い日本の労働市場では、ホームの（本業の）職場で働き続けることは、組織内の人脈を含めた知識蓄積に有利な半面、「自社以外の」仕事のやり方や知識を得ることが難しくなります。職業資格や社会人教育などに関する外部労働市場の機能も貧弱です。

　そうした環境の中で、副業という越境の機会が、キャリアの成長を目指す個人にとって魅力的に映っている実態があります。企業にとっても、こうした自社社員が行う副業を学習と成長の機会としてうまく活用していくことは、キャリア支援や組織成長へとつながっていくでしょう。

[2] 副業による学習効果の最大化のために

　さて、[図表1-8]で見たように、副業による成長実感を得ている副業者は3割前後です。企業としては、こうした副業の越境学習としてのメリットをより最大化したいところですが、単なる「副業解禁」ではそれはかないません。そこで次に、本業へのプラスの効果を最大化するための人材マネジメントについて見ていきましょう　[図表1-9]。

図表1-9 本業への還元を促す職場の支援／上司のマネジメント行動

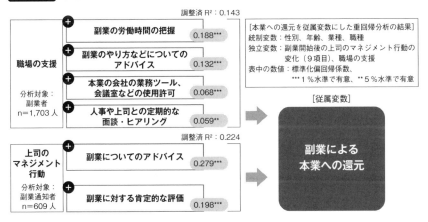

本業へのプラスの効果が見られた副業者について、本業への還元を促進していた要因を分析すると、企業による「副業の労働時間の把握」や「副業のやり方などについてのアドバイス」などの職場の支援を通じて、積極的に従業員の副業に関与していくことが促進要因であると分かっています。その際に、副業を機械的に認可するのではなく、副業を行う従業員とのコミュニケーションをしっかりと取り、労務管理をきちんとした上で、可能な範囲でサポートしているような企業が副業を認めるメリットを享受しています。

　さらに興味深いのは、上司による副業への肯定的な評価・態度も、本業へのプラスの効果を高めていることです。今、副業が注目されているとはいえ、副業をしている正社員の割合は 10% 前後です。特に中小企業においては、職場における「初めての副業者」となる可能性の高い企業がまだまだ多いでしょう。

　そうしたとき、「あの人はほかでも働いているから」というようにマネジメントの公平性を損なったり、職場での冷ややかな目線が発生してしまうリスクは十分にあります。後ほど詳しく見るように、そうした上司のマネジメントは、副業による人材流出にもつながります。副業の効果を最大化したいのならば、そうしたリスクを回避するために、職場・上司のサポートや理解を促すことが求められますが、そうした支援を行っている企業はまだまだ少ないのが実情です。

　例えば、副業での経験を共有するイベントを開催したり、各人がどんな副業を行っているかを社内で閲覧できるようにするなどの「透明性の高い副業制度」は、本業へのプラスの効果を期待できます。実際、副業をきっかけに、社内で他部署の社員同士の交流や連携が活性化するような例もあります。「社外」に出ることの影響が「社内」に還流してくるというプロセスは見逃すことはできません。

[3] 副業者の「受け入れ」による企業のメリット

　また、副業解禁と同時に進んだのが、副業者の自社への「受け入れ」の積極化です。副業解禁と同時に、副業者の受け入れを開始したり、募集活動を活性

化させている企業が多く存在します。

　企業が抱えている課題はさまざまであり、単純に人手不足というだけではなく、市場の変化速度の高まり、繁閑への対応、一度きりの挑戦的なプロジェクトなど、人材ポートフォリオの柔軟性も同時に確保したいという課題も抱えています。一方で、人を採用できるからといって多く採用し過ぎると、総人件費が長期にわたって経営を圧迫することになります。

　そうした中で短期・中期的に副業者をうまく活用していくことは、雇用に関わる種々のコストやリスクを回避しながら人的リソースを確保する方法として大きなメリットがあります。副業解禁という意思決定は、副業に対する社内の見方を変え、このような外部人材の自社活用を積極化させる契機にもなります。

　また、副業者受け入れにおいても忘れてはならないのは、社外からの人材の客観的な視点が、自社のビジネスや人材に刺激を与えてくれることが多くあるということです。先ほど見た越境学習的な効果の副作用として、副業先も学ぶことができます。これからの企業にとって、副業は「解禁か禁止か」「受け入れるか否か」という単純な意思決定だけではなく、「副業者の学びを生かし、いかに副業者と共に学ぶ組織にしていくか」という視点が求められるでしょう。

4 │ 副業に関する企業のリスク

[1] 副業解禁は企業にとってメリットだけではない

　副業についてのメリットを見てきましたが、一方で副業解禁には、企業にとって就業規則の整備や労働時間管理の方法の確立、申告書や合意書など各種書類の準備といった実務的なコストも発生します。それに加えて、副業による過重労働、競合他社への情報・ノウハウの漏洩、人材流出といった人材マネジメント上のリスクも上昇することになります。副業の容認は実務上、決して薔薇色の施策であるということはありません。

　令和4年7月に改定された厚生労働省による「副業・兼業の促進に関するガイドライン」では、留意すべき点として使用者側の安全配慮義務、労働者側の秘密保持義務、競業避止義務等に触れ、注意喚起を行うと同時に、関連する就業規則等の整備を呼びかけています。そうしたガイドラインを参考に、社内の規則整備を行うことが副業解禁の最初の一歩です。

　先ほど見たとおり、副業は世間的な耳目を集めていますし、就業者側の価値観とも合致しています。人材マネジメント上のリスクに関する懸念やコストを避けるために副業に消極的な企業では、従業員が会社に報告しない「隠れ副業」も行われることがあります。容認しないことによって従業員が黙って副業してしまうようなことは、個人と会社との関係性にとっても望ましくありません。特に、副業者が少ない中小企業の場合には、規則や認可基準についても個別の属人的な対応で済ませてしまっている場合も多く見られます。企業としては、今後副業希望者が増えてくる場合に備えて、就業規則や各種契約書、申告書のフォーマット等を十全に整備しておくことが必要でしょう。また、副業についての自社の考えを従業員にしっかりとコミュニケーションすることが必要になります。

　特に実務家が頭を悩ませるのは労働時間の管理でしょう。労基法38条1項では「労働時間は、事業場を異にする場合においても、労働時間に関する規定の適用については通算する」と規定されており、「事業場を異にする場合」と

は事業主を異にする場合をも含むものと解釈されています（昭23. 5.14　基発769）。

　本業と副業の所定労働時間を通算した結果、自社の労働時間制度における法定労働時間を超える部分がある場合は、その超えた部分が時間外労働となり、後から労働契約を締結した企業が自社の36協定で定めるところによってその時間外労働を行わせることになります。

　こうした法的な規定を基に、厚生労働省のガイドラインやパンフレット、Q&Aにおいては、労働時間管理の考え方や管理モデル（**第2章　2[3]**参照）導入の提案などが行われています。また、企業によっては、自社での残業時間が長い労働者については副業を認可しない、管理職などの労働時間管理外の従業員に限定する、また労働時間管理外であっても労働時間を把握する――といった措置が取られています。ガイドライン等を参照しながら、自社の実態に適した管理が求められるでしょう。

　また、労働時間管理の義務を負わない個人事業主やフリーランスとしての副業でも、現場では報酬の支払い遅延や一方的に仕事をやり直させる、決まっていた発注を取り消すなどの独占禁止法上（優越的地位の濫用）・下請法上で問題となる行為が発生することがあります。副業容認の流れに伴ってフリーランス・個人事業主が増えていくことが予想される中、厚生労働省では、弁護士に相談できる「フリーランス・トラブル110番」も設けています。自社において、社員の副業を解禁する場合でも社外から副業人材を受け入れる場合でも、労使双方でこうしたリスクを認知し、注意喚起すべきでしょう。

　一方で、副業解禁を原因とするこのようなリスクやデメリットは、実際にはどの程度起こるものなのでしょうか。副業によって発生した問題・課題についての調査データを見ると、ガイドラインで想定されているような副業のデメリットは、やはり一定の割合で発生していることが分かります **[図表1-10]**。「過重労働となり、体調を崩した」が16.1%、「本業をおろそかにするようになった」が15.0%、「過重労働となり、本業に支障を来した」が14.1%と上位

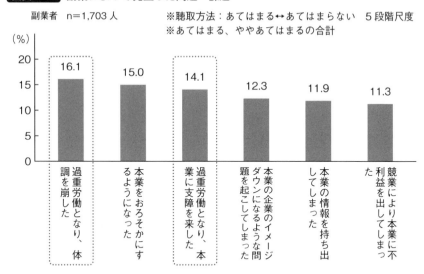

図表 1-10 副業によって発生した問題・課題

副業者　n＝1,703 人　　　※聴取方法：あてはまる↔あてはまらない　5 段階尺度
　　　　　　　　　　　　　　※あてはまる、ややあてはまるの合計

(%)

- 16.1　過重労働となり、体調を崩した
- 15.0　本業をおろそかにするようになった
- 14.1　過重労働となり、本業に支障を来した
- 12.3　本業の企業のイメージダウンになるような問題を起こしてしまった
- 11.9　本業の情報を持ち出してしまった
- 11.3　競業により本業に不利益を出してしまった

に入ります。

　「過重労働」に関わる問題が最も頻繁に発生しており、力を入れて防がなければならないことが分かります。過重労働は、メンタルヘルス不調、労働生産性の低下などを通じて、本業にもさまざまな悪影響を及ぼしますし、働き方改革で取り沙汰されてきた長時間労働是正の観点でも、目的とは正反対の結果となってしまいます。

[2] 副業による過重労働を防ぐには

　さらに調査データを分析すると、過重労働を起こしやすい副業者と、起こしにくい副業者がいることが分かっています。

　過重労働の発生リスクが高い／低い副業者の特徴を見たところ、過重労働になりやすいのは、「本業の勤務日における労働時間が長い副業者」です **[図表1-11]**。当然ながら、本業側の勤務時間が長いほど、副業による付加的な労働時間が積み重なり、働き過ぎの状況になりやすくなっています。このような事

図表 1-11 過重労働の発生リスクが【高い／低い】副業者の特徴

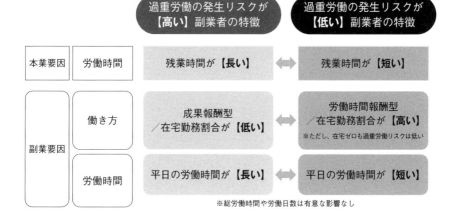

態を避けるために、自社で副業を認めるに当たって、副業の勤務時間制限や長時間労働が見られる従業員には許可しない、勤務時間申告を容易にするなどの対応が考えられます。

　また、「成果報酬型の副業」をしている副業者は過重労働リスクが高いことが分かっています。成果報酬型とは、歩合制などの個人成果によって報酬が変動するタイプの副業です。フリーランスや個人事業主としての副業は、成果報酬に近い報酬の受け取り方をすることが多いでしょう。労働時間管理の手間を嫌って、個人事業主タイプの副業のみを認可している企業は、こちらの要因に注意が必要です。

　先ほど見たとおり、副業は、本業にも還元できるような経験や成長の機会になります。また、年収アップにもつながる新しい働き方として、メディアでも魅力的な面が強調されがちです。しかし、働けば働くほど報酬が上がる副業において、それらのメリットが「頑張り過ぎ」につながってしまうリスクがあります。固定的なメインの報酬とは異なり、自分の努力が報酬に反映されやすい副業は十分なケアが必要です。企業としても「個人の自由」と放任するのではなく、副業者には定期的な面談や副業実態の確認を行うべきです。

また、このほかにも、副業の在宅率が高い場合には過重労働になりにくい、という分析結果も得られています。コロナ禍によってテレワークが広がった企業では、通勤時間が減った分の時間を副業に回せるようになっているということでもあります。これらの観点は、過重労働が懸念される状況になったときに、状況を改善するためのヒントにしたいところです。

[3] 副業による人材流出リスク

　もう一つ、副業を解禁する側の企業がしばしば懸念点の一つとして挙げるのが、副業をきっかけとした「人材流出」です。副業として自己実現が可能な魅力的な仕事に出合う、あるいはさらなる成功が望めそうな場に出合うことで、組織から離れてしまう可能性があることは否定できません。調査においても、副業したことによって転職したい気持ちが高まった層は28.3％、独立・起業したい気持ちが高まった層は24.2％と、転職や独立の気持ちが高まっている層が一定数いることが分かっています。

　しかし、これは単純な平均値にすぎません。副業がきっかけで人材流出が本当に起こるのかという論点については、もう少し精緻に分析することが必要です。そこで、パーソル総合研究所が分析した、副業と転職意向の関係とメカニズムについてもう少し紹介しておきましょう **[図表 1-12]**。

図表 1-12 副業動機が転職意向に与える影響

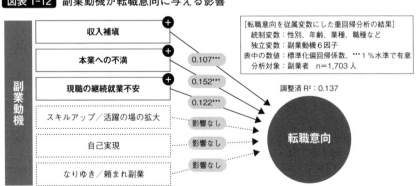

まずは、副業で感じるやりがいや達成感が、副業者の転職意向を高めているのかどうかという点です。分析すると、そうしたやりがいの高さによって転職意向が高まる効果は確認されませんでした。副業者の人材流出は、「やりがいのある副業に出合って、転職を決意していく」という単純なプロセスではないということが示唆されます。

　では、どのような要因が副業による人材流出につながってしまうのでしょうか。まずは、副業者のそもそもの副業動機の面から見ていきましょう。

　基本的な属性の影響を取り除いた多変量解析の結果、転職意向に影響していた副業動機として、「収入補塡」「本業への不満」「現職の継続就業不安」の三つの動機を持っている副業者で、転職意向が高くなっている傾向がありました。これは、副業を考えるきっかけとなった「動機」から、そもそもの転職意向が規定されているということを示唆しています。

　「収入補塡」したいという動機の裏には、本業の報酬が低いということがあるでしょうし、「現職の継続就業不安」は「現在の職場で働き続けることができるか不安がある」といった内容です。つまり、本業の会社において、賃金への不満や経営不振などの不安があり、それを基に副業を始めているということでしょう。

　そして、もう一つの「本業への不満」という動機は、「本業では自分の思うように仕事を進められない」などの内容を含んでいます。そもそもの会社への不満として、仕事において裁量が与えられなかったり、十分な経験を積めていなかったりする副業者は、転職意向が高くなっています。

　[図表1-13] のとおり、副業でのやりがいや達成感は、こうした本業への不満が高い層においてのみ、転職への気持ちを高めることにつながっています。逆にいえば、本業への不満がない（低い）場合には、どんなに達成感のある副業に出合っていても転職意向はそこまで高まりません。

　もちろん、一度の分析で結論が出るような単純なメカニズムではありませんが、「人材流出」というリスクについては、「副業」そのものよりもやはり本業である勤務先への不満がベースになっており、それが人材流出の根本原因とい

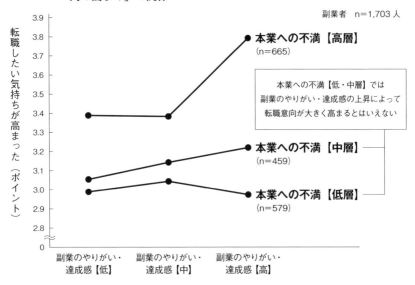

図表 1-13 「本業への不満（副業動機）」「副業のやりがい・達成感」と「転職意向の高まり」の関係

副業者　n＝1,703 人

転職したい気持ちが高まった（ポイント）

本業への不満【高層】
(n=665)

本業への不満【低・中層】では
副業のやりがい・達成感の上昇によって
転職意向が大きく高まるとはいえない

本業への不満【中層】
(n=459)

本業への不満【低層】
(n=579)

副業のやりがい・達成感【低】　副業のやりがい・達成感【中】　副業のやりがい・達成感【高】

えそうです。副業での人材流出のリスクを心配する企業が本当に取り組むべき
は、端的にいえば足元の本業での働き方や賃金、ジョブアサインなどの見直し
だといえるでしょう。

［4］副業者の転職意向を高めてしまう "上司の副業否定スタンス"

　人材流出リスクについて見逃されがちなもう一つの重要なポイントは、「副
業者に対する上司のマネジメント」です。

　まだまだ副業は "皆が当たり前に行うもの" ではありません。そうした中、
自分の部下が自社以外で副業を行うことに対し、本音ではあまり積極的に応援
できない上司も少なくありません。「本業がおろそかにならないか」、「自社や
自分に不満があるのか」といった否定的な感情や不安を抱く上司もいますし、
実際に副業をする部下に対し否定的な態度を取ったり、公平なマネジメントを
実施しない上司も存在します。

副業者に、副業開始後に上司の態度に変化があったかを尋ねると、25.1％が「上司とのコミュニケーションが減った」と感じ、23.5％が「上司は、仕事ぶりに見合った評価をしてくれなくなった」と感じていることが分かっています［図表1-14］。さらに分析を行った結果、「コミュニケーションが減った」「責任のある仕事を任せてくれなくなった」などの上司の態度変化が、副業者の転職意向を高めていることが明らかになっています。

　上司としては、部下が副業を始めても、疑心暗鬼になって必要以上に監視したり、ジョブアサインを不公平なものにしたり、評価を下げたりといったことは避けるべきです。つまり、副業をすることに対して否定的な上司は、部下の流出リスクをわざわざ高めてしまっているということです。副業者の状況を把握し、しっかりとコミュニケーションを取り、成果を公平に評価するフェアなマネジメントを心掛けていくことが肝要になります。

　逆に上司が部下の副業に対して肯定的な態度を取ることは、副業での成長を本業へ還元することに対してプラスの効果を持っています（前出［図表1-9］参照）。副業によって個人の成長を期待するのであれば、職場や上司の副業へ

図表1-14 副業実施による上司のネガティブな態度変化

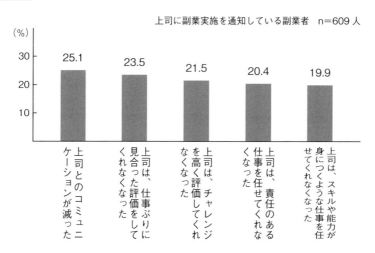

上司に副業実施を通知している副業者　n＝609人

（％）

	25.1	23.5	21.5	20.4	19.9
	上司とのコミュニケーションが減った	上司は、仕事ぶりに見合った評価をしてくれなくなった	上司は、チャレンジを高く評価してくれなくなった	上司は、責任のある仕事を任せてくれなくなった	上司は、スキルや能力が身につくような仕事を任せてくれなくなった

の積極的な関与が重要になります。

　しかし、こうした副業者への上司マネジメントまでケアしている企業は、管見の限りほとんどありません。実際に副業者へのマネジメントのゆがみが起こっていることに気がついていないか、気がついているのに見て見ぬふりをしている企業が多く見られます。

　副業者への上司の否定的なコミュニケーションは、企業としての副業解禁の内容や目的がしっかりと伝わっていない場合に起こりやすいものです。副業解禁をする際は、そうした現場理解を促進するところまで含めて設計するべきです。

[5]「副業解禁」のその先へ － 人材マネジメントの進化としての副業マネジメント

　本章の最後に、副業の「未来」について述べておきましょう。今後も企業の副業容認の流れは続き、副業者も徐々に増えていくことが予想されます。しかし、多くの企業では、副業解禁の議論も実践も、いまだに「副業を認めるか否か」という次元にとどまっているようです。解禁した場合も、「禁止するべきものではない」といった消極的容認のフェーズにあります。その結果、副業解禁は、人材マネジメント施策というよりも、副業が可能になるための規則整備にしかなっていない例がほとんどです。

　日本企業は、この副業を「認める」だけのフェーズから、「支援する」フェーズに入る必要があります。自社従業員の副業をよいものにしたいのならば、副業者をどうマネジメントするべきかを考えなければいけませんし、先進的な企業はすでにそうした実践に向けた実験を行っています。

　そのための施策としては、例えば、副業容認の際の各種の条件設定や副業中の勤務管理の工夫はもちろんのこと、副業先での学びや経験を自社に広げるイベントの開催や、上司や職場での副業者への偏見を取り除いていくことなどが挙げられます。

　副業は、人材リソースを獲得するための一つの手段でもある一方、自社の従

業員に副業を認めることは、会社としての人材マネジメントのポリシーの表明にほかなりません。「収入補塡」や「禁止するようなものではない」といった消極的な「目的なき解禁」は、従業員にとっても中途半端な印象を与えてしまうでしょう。

　副業を、消極的に認められる「コソコソ行うもの」としてではなく、積極的に成長していく機会としてサポートし、企業も個人も共にメリットを享受していく「開かれたもの」として活用していくことが重要です。副業による越境経験を「個人の学習」から「組織学習」へと広げていくためには、まだまだ多くの仕掛けや実験が必要です。そうした副業マネジメントのノウハウは、先に始めた企業から蓄積していくものです。

　副業に対して、消極的な「容認」とそのための「労務管理」という発想から、「人材マネジメント」として戦略的で積極的な「成長機会」として活用していく発想へ──そうした視点の転換に本稿が少しでも役に立てば幸いです。

第2章

社員が副業を始める際の労務管理

特定社会保険労務士（社会保険労務士法人大野事務所）
今泉 叔徳

副業の普及促進は、「柔軟な働き方がしやすい環境整備」として働き方改革の一翼を担うものであり、重要な課題として位置づけられているものです。ただ、これまでオーソドックスな働き方とはいえなかった社員の副業については、法令上不明点も多く、現実にどのような運用をしていけばよいか迷うところもあります。そこで、厚生労働省はこれらを解消すること、また会社や社員が副業の運用に当たって法令上留意すべき事項をまとめることを目的として、平成30年1月に「副業・兼業の促進に関するガイドライン」（以下、ガイドライン）を作成しました（令和2年9月改定、令和4年7月再改定）。加えて、ガイドラインを解説するリーフレットや、これに関するQ&Aも公表し、副業の普及促進に努めています。

　本章では、適宜ガイドライン等を参照しながら、社員から副業の申請があった場合における労務管理について解説していきます。

1 ｜ 副業制度の設計

　まず問題となるのは、社員から副業の申請があった場合に、「会社としてはどう対応すればよいのか」「いかなる副業も認めなければならないのか」「申請を拒否できる場合があるのか」といった副業を認める基準について、あるいは「いざ副業を認めた際の手続きについてはどうすればよいか」といった手続き上のルールに関することでしょう。

[1] 副業を認める基準
　そもそも、社員が副業を行うことは、権利として保障されたものとなります。それは、日本国憲法22条1項で「何人も、公共の福祉に反しない限り、居住、移転及び職業選択の自由を有する」と定められており、いわゆる「職業選択の自由」が保障されていることによります。また、労働契約上の義務を負うのは指揮命令下にある労働時間のみであり、それ以外の時間はいわゆる私的時間である以上、その時間をどのように過ごそうが個人の自由です。ガイドライン上

でも、副業を行うことができるのが原則であると明記しており、このようなことから、副業を一律に禁止することは不可能といってよいでしょう。

　しかしながら、一定の合理的な理由に基づき、副業を禁止または制限することは可能といえます。なぜなら、社員には職業選択の自由や私生活上の自由が認められる一方で、会社に対しては労務提供義務だけでなく、いわゆる信義則上「誠実に勤務・労働しなければならない」という誠実労働義務、「使用者の秘密を守らなければならない」という秘密保持義務、また「使用者と競合する業務を行ってはならない」という競業避止義務、さらには「会社の名誉や利益・信用等を損なわないようにしなければならない」という義務等を負っているからです。

関連裁判例 ― マンナ運輸事件（京都地裁　平24. 7.13判決）

《事案の概要》

　運送会社が、準社員からのアルバイト許可申請を4度にわたって不許可にしたことについて、後2回については不許可の理由はなく、慰謝料の請求が認められた事案。

《判決要旨》

「労働者は、勤務時間以外の時間については、事業場の外で自由に利用することができるのであり、使用者は、労働者が他の会社で就労（兼業）するために当該時間を利用することを、原則として許され（ママ）なければならない。

　もっとも、労働者が兼業することによって、労働者の使用者に対する労務の提供が不能又は不完全になるような事態が生じたり、使用者の企業秘密が漏洩するなど経営秩序を乱す事態が生じることもあり得るから、このような場合においてのみ、例外的に就業規則をもって兼業を禁止することが許されるものと解するのが相当である」

図表 2-1 副業を制限できる事由

①労務提供上の支障がある場合
②業務上の秘密が漏洩する場合
③競業により自社の利益が害される場合
④自社の名誉や信用を損なう行為や信頼関係を破壊する行為がある場合

　このような前提の下、ガイドラインにおいては、[**図表 2-1**] のような場合に副業を禁止または制限できるとしています。

　つまり、労働契約から派生する、いわゆる付随義務に違反する場合においては副業の制限が認められる、ということができますが、それぞれの基準に関連する裁判例も存在していますので、それらにも触れつつ、もう少し中身を詳しく見ていきましょう。

(1) 労務提供上の支障がある場合

　自社での業務終了後、そのまま副業先で仕事を開始し、深夜に及ぶ労働になるようなケースでは、翌日の自社での業務に支障を来すおそれがあります。前述の「誠実労働義務」に関わるような場合といえるでしょう。したがって、このようなときには、副業の制限に合理的な理由が認められるものといえます。

関連裁判例 ― 小川建設事件（東京地裁　昭 57.11.19 決定）

《事案の概要》

　毎日 6 時間にわたるキャバレーでの無断就労を理由とする解雇について、兼業は深夜に及ぶものであって余暇利用のアルバイトの域を超えるものであり、社会通念上、会社への労務の誠実な提供に何らかの支障を来す蓋然性が高いことから、解雇有効とした事案。

《決定要旨》

　労働者は労働契約を通じて一日のうち一定の限られた時間のみ、労務に

服するのを原則とし、就業時間外は本来労働者の自由であることからして、就業規則で兼業を全面的に禁止することは、特別な場合を除き、合理性を欠く。しかしながら、労働者がその自由な時間を疲労回復のために適度な休養に用いることは次の労働日における誠実な労務提供のための基礎的条件をなすものであるから、使用者としても労働者の自由な時間の利用について関心を持たざるを得ず、また、兼業の内容によっては企業の経営秩序を害し、または企業の対外的信用、体面が傷つけられる場合もあり得るので、従業員の兼業の許否について、労務提供上の支障や企業秩序への影響等を考慮した上での会社の承諾に係らしめる旨の規定を就業規則に定めることは不当とはいい難い。

　まさに副業が深夜に及ぶケースとして誠実労働義務を履行できないおそれが高いと判断された事案です。社員の私生活上の自由を尊重しつつも、会社に対する労務提供に支障が生じることや、会社の対外的信用や体面を傷つける可能性がある場合には、これを制限することを認めた裁判例といえます。

（2）業務上の秘密が漏洩する場合

　いわゆる秘密保持義務に抵触するようなケースです。自社の企業秘密が流用されれば大変な損害を被るおそれが生じます。そのため、このような場合には副業を認めないとすることは合理的といえます。

関連裁判例 ― ピアス事件（大阪地裁　平21. 3. 30 判決）

《事案の概要》
　在職中に競業会社の設立に関わったことは、競業避止義務・秘密保持義務に反し、懲戒解雇事由に該当するため、解雇有効とした事案。
《判決要旨》
　X1 は、Y 社に在職していた間に、Y 社の眉美容事業と競合する事業を

目的とするＣ社を設立し、出資金を負担して、同社設立に関する準備行為をして、同社取締役に就任したと認められ、Ｙ社に在職していた間に修得した眉美容技術を、Ｙ社の退職後にＣ社で提供していると認められ、この行為は、（ⅰ）Ｙ社およびそのグループ企業における機密情報について、在職中および退職後に、無断で開示、漏洩または使用しない義務、（ⅱ）Ｙ社を退職した後、眉美容技術サービスを、日本およびその他の地域で、自己の仕事に関連して使用しない義務に違反し、また、在職中の行為については、Ｙ社の賞罰規程（略）の懲戒解雇事由に該当するものである。

　本件は、在職中に競業会社を設立した後、退職後に前職の機密情報を無断使用したケースですが、秘密保持契約の内容に基づき、秘密保持義務は退職後も効力が続くことがあります。なお、この事案を見ても分かるように、秘密保持に関するものは、次の競業避止義務と大きく関連しています。

(3) 競業により自社の利益が害される場合

　自社と競業する会社で副業をし、さらに副業先では役員であるような場合には、会社法上の「競業避止義務」（会社法 356 条 1 項 1 号）が課されます。また、管理監督者のような経営に近いレベルの役職に就任しているような場合であっても、これと同様に取り扱われる可能性があるでしょう。このような副業は制限できる、ということになります。ただし、競業避止義務が課される趣旨は、会社側に守るべき利益があることを前提として、会社の利益を損ないかねない競業行為を禁止することにあります。そのため、過度に職業選択の自由を制約しないための配慮を行う必要はもちろんのこと、会社の利益保護のために必要最小限度の制約でなければならないものと考えられます。

関連裁判例 ― 橋元運輸事件（名古屋地裁　昭47. 4.28判決）

《事案の概要》

　会社の管理職にある従業員が、直接経営には関与していないものの競業
他社の取締役に就任したことは、懲戒解雇事由に該当するため、解雇有効
とした事案。

《判決要旨》

「訴外Aは被告の取締役副社長に在任中に同一業種の別会社を設立する
ことを企て、これを実行したのであり、原告らは訴外Aの右企てを同人
から告げられ、その依頼を受けて訴外会社の取締役に就任することにより
右企てに参加したものであること、訴外Aが別会社設立を理由に解任さ
れた後も、これを知りながら、いぜんとして取締役の地位にとどまり辞任
手続等は一切しなかったこと、訴外Aは被告から解任された後は訴外会
社の経営に専念していたのであり、訴外Aと原告らとの前記のような間
柄からすれば、原告らは、訴外Aから訴外会社の経営につき意見を求め
られるなどして、訴外会社の経営に直接関与する事態が発生する可能性が
大であると考えられること、原告らは被告の単なる平従業員ではなく、い
わゆる管理職ないしこれに準ずる地位にあったのであるから、被告の経営
上の秘密が原告らにより訴外Aにもれる可能性もあることなどの諸点を
考え併せると、原告らが被告の許諾なしに、訴外会社の取締役に就任する
ことは、たとえ本件解雇当時原告らが訴外会社の経営に直接関与していな
かったとしても、なお被告の企業秩序をみだし、又はみだすおそれが大で
あるというべきである」

　この他にも、外国会社から食品原材料等を輸入する代理店契約をしている会
社の従業員について、在職中の競業会社設立は、労働契約上の競業避止義務に
反するとされた事案（協立物産事件　東京地裁　平11. 5.28判決）があります。

(4) 自社の名誉や信用を損なう行為や信頼関係を破壊する行為がある場合

　競業行為にかかわらず、広く会社の名誉や信用を毀損するような副業に対しても、制限を加えることは十分に合理的といえます。また、副業を行うことで、会社と社員との間で雇用関係を維持できないような事態になる場合についても、副業を認めなければならない、とすることまでは求められていないといえるでしょう。

関連裁判例 ― 十和田運輸事件（東京地裁　平13.6.5判決）

> 《事案の概要》
> 　運送会社の運転手が年に1、2回の貨物運送のアルバイトをしたことを理由とする解雇に関して、職務専念義務の違反や信頼関係を破壊したとまでいうことはできないため、解雇無効とした事案。
>
> 《判決要旨》
> 　原告らが行った本件アルバイト行為の回数が年に1、2回の程度の限りで認められるにすぎないことに、証拠および弁論の全趣旨を併せ考えれば、原告らのこのような行為によって被告の業務に具体的に支障を来したことはなかったこと、原告らは自らのこのような行為について会社が許可、あるいは少なくとも黙認しているとの認識を有していたことが認められるから、原告らが職務専念義務に違反し、あるいは、被告との間の信頼関係を破壊したとまでいうことはできない。

　こちらは、解雇を無効とした裁判例となりますが、副業が年に1、2回と極めて少なく、信頼関係が破壊されたとは到底いえない事案となります。

　(1)～(4)を踏まえ、実際に副業を制限するに際しては、就業規則（後段**7**[1]参照）において基準を明確に定めておき、社員に対して十分に説明する機会を設け、周知しておくことが重要となります。なお、それぞれの基準の内容は互いに関連することも多いため、これらを総合的に考慮して認否を判断するよう

な定め方としておくとよいでしょう。また、ガイドラインにおいて、実際に副業を進めるに当たって「労働者と企業の双方が納得感を持って進めることができるよう、企業と労働者との間で十分にコミュニケーションをとることが重要である」とされていることも参考になります。

[2] 副業を認める手続き

　副業を認める、もしくは制限する上での基準を就業規則に定め周知した後、実際に社員から副業の申請が上がってきた場合、どのような流れでこれを進めていくのか、社内手続きをどうするのか、といったことを決定しておく必要があります。ただし、原則として副業の申請は認められるべきであるため、社内様式として作成した申請書（後段 **7[2]** 参照）所定の必要事項を記載の上で、副業を希望する社員に提出させ、その内容に基づき会社は承認できるものか判断していく——という流れとなるでしょう。申請書で定める必要事項としては、以下①〜⑤のような内容が考えられます。

---

①副業が雇用なのか（労働契約を締結するのか）、そうでないのか

②副業先の名称・所在地

③業務内容

④雇用であった場合の労働契約締結予定日・勤務開始予定日

⑤所定労働時間、所定外労働時間の有無あるいは見込み時間

　申請書を受け取った会社は、申請内容に基づき、会社が設定した基準に抵触しないかを判断することになります。ここで問題となるのは、申請された副業が社内基準に抵触し、承認できないような内容だった場合です。この場合には、社内基準のどの項目に抵触し、どういった理由で認められないのか、はっきり本人に伝える場を設けるべきでしょう。社員が疑問を持ち、不満が残らないよう、しっかりとコミュニケーションを図り、対応することが重要です。

　一方で、副業を認めるに支障がないと判断された際には、合意書（後段 **7[2]** 参照）を作成するなどして、労使双方の認識に相違がないことを確認しておく

のも一つの方法といえます。

　なお、副業を「許可」するのか「承認」するのかについてですが、「許可」という表現は「禁止されていることを解除する」というニュアンスが強く、本来認められるべきはずのものである副業申請にはなじまないものともいえます。しかしながら、運用上適正な判断がなされているものであれば、単なる用語の使い方としてあまり問題とはされないと思われます（本章では、以降は「承認」という言葉を使用していきます）。

[3] 社員が就業規則等の社内ルールに反して副業を行った場合、どう対応するか

　例えば、社員が無断で副業を行っていた場合や、承認されなかったにもかかわらずその副業を行っていた場合、会社としてはどのように対応すべきでしょうか。

　真っ先に思い浮かぶのは懲戒処分の適用ですが、前述のとおり個人の自由時間に行われる副業は、私生活上の行為であり、社内の秩序維持を目的とする懲戒処分の対象の埒外（らちがい）にあるようにも思えます。しかしながら、就業規則で明確に承認基準を設けた上で、申請を義務づけることには、これまで見てきたように相応の意味や理由があります。そのため、会社が設定した基準に違反するような副業の場合には、懲戒処分も行い得るものと考えます。ただし、単に会社に無断で副業を行っていたにすぎず、社内の承認基準にも抵触しないような業務内容の場合に対してまで、重い懲戒処分を科すことは、相当性に欠けるケースもあるでしょう。そのような場合には、改めて申請を出すよう指導する等の対応も考えられます。

　また、懲戒処分を適用するためには、就業規則に副業の定めに違反した場合は懲戒処分となる旨を定めておく、つまり懲戒事由として列挙しておく必要があります（後段 **7**[1]参照）。

2 社員が雇用型の副業をする際の労働時間管理と「管理モデル」の導入

　労働時間管理は、労務管理上最も重要なものの一つであり、労基法もその条文の多くを労働時間関連に割いています。仮に自社の労働時間管理は十分にできていたとしても、副業が絡むとどのようなことになるでしょうか。ここでは副業をする際の労働時間管理について厚生労働省が提起した「簡便な労働時間管理の方法」（以下、管理モデル）、そして、変形労働時間制やフレックスタイム制を採っていた場合の労働時間管理について解説します。

[1] 社員が副業を行った場合の労働時間の通算、把握方法、時間外労働の考え方

(1) 基本的な考え方

　副業の契約形態が雇用である場合、本業と副業の労働時間の関係はどうなるか、というと、結論からいえば双方は通算されることになります。というのは、労基法 38 条 1 項において「労働時間は、事業場を異にする場合においても、労働時間に関する規定の適用については通算する」と定められており、加えて、「『事業場を異にする場合』とは事業主を異にする場合をも含む」（昭 23. 5.14 基発 769）という通達が存在しているからです。これにより、本業と副業の労働時間は通算される、と解されていることに争いはありません。その結果、会社としては、自社の労働時間管理だけでなく、副業も含めた労働時間を認識する必要が生じます。本業と副業を通算した労働時間が 1 日の法定労働時間を超えれば、割増賃金の支払い義務が発生しますし、その他副業があるがゆえの独自の課題も存在します。

　なお、本項の冒頭で述べたように、労働時間の通算が対象となるのはあくまで副業の契約形態が雇用の場合のみとなります。管理監督者として副業するときのように、労働時間規制の適用が除外される場合には、労働時間の通算はされません。また、そもそも労働時間で管理されない個人事業主や業務委託契約

図表 2-2 副業形態による労働時間通算の有無

副業	労働時間の通算
労働者	する
労働者ではない場合： フリーランス、独立、起業、共同経営、アドバイザー、コンサルタント、顧問、理事、監事等	しない
労働者であるものの労働時間規制が適用されない場合： 管理監督者、機密事務取扱者、監視・断続的労働者、高度プロフェッショナル制度、農業・畜産業・養蚕業・水産業	しない

などの場合も通算の対象にはなりません [**図表 2-2**]。

　ただし、労働時間の通算がなされないような場合であっても、安全配慮義務の観点から、副業に従事する時間数は把握するのが望ましいといえるでしょう。副業を行っている社員に対する会社の安全配慮義務については、後段 **4** で詳述します。

(2) 労働時間を通算して適用される労基法上の規定と適用されない規定

　上述のとおり、副業の形態によって労働時間の通算の有無が決定されますが、副業が労働契約に基づく雇用であったとしても、労基法上の規定の性質から労働時間を通算して適用される規定とされない規定があります [**図表 2-3**]。

　まず、法定労働時間は当然のことながら通算されますが、時間外労働のうち、時間外労働と休日労働の合計が 1 カ月で 100 時間以上とならないこと、かつ 2 〜 6 カ月の平均で 80 時間を超えないこととする要件も同様です。この制限は、労働者個人の実労働時間に着目し、当該個人を使用する使用者を規制するものだからです。なお、時間外労働の上限規制が適用除外または適用猶予される業務・事業についても、法定労働時間についてはその適用において自社における労働時間および副業先における労働時間が通算されることとなります。

　一方で、通算されない規定は、時間外労働のうち 36 協定により延長できる時間の限度時間、36 協定に特別条項を設ける場合の 1 年についての延長時間

図表 2-3 労働時間を通算して適用される労基法上の規定と適用されない規定

内容（該当条項）		通算の別
法定労働時間（労基法 32 条）		通算**される**
時間外・休日労働	時間外労働と休日労働の合計で単月 100 時間未満、複数月平均 80 時間以内（労基法 36 条 6 項 2 号、3 号）	通算**される**
	36 協定により延長できる時間の限度時間【月 45 時間・年 360 時間】（労基法 36 条 4 項）	通算**されない**
	36 協定に特別条項を設ける場合の 1 年についての延長時間の上限【年 720 時間】（労基法 36 条 5 項）	通算**されない**
	それぞれの事業場における時間外労働が 36 協定に定めた延長時間の範囲内であるか否か（その他）	通算**されない**

の上限についての定めとなります。これはそれぞれの事業場における 36 協定の内容を規制することを趣旨とした規定であり、それぞれの事業場における延長時間を定めるものだからです。

　また、36 協定において定める延長時間が事業場ごとの時間で定められていることから、それぞれの事業場における時間外労働が、36 協定に定めた延長時間の範囲内であるか否かについても、自社の労働時間と副業先での労働時間とは通算されません。

(3) 副業に従事する労働時間の把握方法

　副業に従事する労働時間の把握は、社員からの申告等によるほかありません。そのため、自社における労働時間と、社員からの申告等により把握した副業に従事している際の労働時間とを通算することになります［**図表 2-4**］。このことは、副業・兼業の場合における労働時間管理に係る労基法 38 条 1 項の解釈等に関する通達においても、「労働者からの申告等がなかった場合には労働時間の通算は要せず、また、労働者からの申告等により把握した他の使用者の事業場における労働時間が事実と異なっていた場合でも労働者からの申告等により把握した労働時間によって通算していれば足りること」（令 2. 9. 1　基

労働者の申告により副業・兼業先での勤務時間等を確認する方法の例

	曜日	休日	始業時刻	終業時刻	休憩時間	休憩時間帯			実労働時間
基本契約勤務時間	日		8:00	15:00	1:00	11:00	～	12:00	6:00
	月		10:00	17:00	1:00	12:00	～	13:00	6:00
	火	✓	ー	ー	ー		～		ー
	水		9:00	16:00	1:00	12:00	～	13:00	6:00
	木		7:00	14:00	1:00	11:00	～	12:00	6:00
	金	✓	ー	ー	ー		～		ー
	土	✓	ー	ー	ー		～		ー
	合計								24:00

資料出所：厚生労働省「副業・兼業の促進に関するガイドライン　わかりやすい解説」

発 0901 第 3）とされています。

　例えば、会社として適正な労働時間の提出を義務づけており、何度も注意・指導をしているにもかかわらず、社員が行わなかった場合、もしくは不正な労働時間数を申告してきた場合にまで、労働時間の通算に関する責任を会社に負わせるのは酷というものであり、本通達はそのような場合を想定した免責的措置と考えるべきではないか、と思われます。しかしながら、社員が副業に従事しているのを知りながら、労働時間数を申告してこないことを会社として放置しておくのは危険でしょう。

　なお、「副業・兼業の促進に関するガイドライン　わかりやすい解説」では、社員の副業先での勤務時間等を確認する際に、短時間やシフト制の副業を行う社員の状況も分かりやすくなるように、**[図表 2-4]** のようなカレンダー形式で確認することも有効とされています。

[2] 労働時間の通算の具体的内容

　ここでは、副業によって生じ得る実際の所定労働時間の通算、時間外労働の通算および割増賃金の支払いについて解説します。これらに関する運用は、副業の管理において最も重要かつ煩雑なものともいえます。この点ガイドライン

では、副業の開始前と開始後に分けて通算の運用を明確に示しています。ここでいう「副業の開始前」とは所定労働時間の通算のことであり、「開始後」とは所定外労働時間の通算のことをいいます。

（1）所定労働時間の通算

　副業の開始前には、自社における所定労働時間と副業先における所定労働時間とを通算して、自社の労働時間制度における法定労働時間を超える部分があるかないかを確認します。副業先の所定労働時間については、社員から提出された申請書を確認する際に把握しておくこととなるでしょう。

　その結果、自社の労働時間制度における法定労働時間を超える部分がある場合は、**時間的に後から労働契約を締結した使用者において**時間外労働とされ、時間的に後から労働契約を締結した使用者の36協定で定めるところに従うこととなります［**図表2-5**］。

図表2-5 所定労働時間の通算

（例1）**企業A**：時間的に**先に**労働契約を締結、所定労働時間1日5時間（7:00〜12:00）
　　　　企業B：時間的に**後に**労働契約を締結、所定労働時間1日4時間（14:00〜18:00）

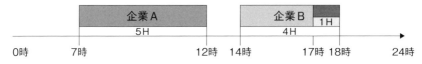

→**企業B**に、法定時間外労働が1時間発生。（5時間＋4時間−8時間＝1時間）

（例2）**企業A**：時間的に**先に**労働契約を締結、所定労働時間1日5時間（14:00〜19:00）
　　　　企業B：時間的に**後に**労働契約を締結、所定労働時間1日4時間（8:00〜12:00）

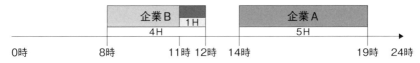

→**企業B**に、法定時間外労働が1時間発生。（5時間＋4時間−8時間＝1時間）

資料出所：厚生労働省「副業・兼業の促進に関するガイドライン　わかりやすい解説」を一部改変

（2）所定外労働時間の通算

　所定外労働時間の通算については、（1）の所定労働時間の通算に加えて、副業の開始後に自社における所定外労働時間と副業先における所定外労働時間とをそれぞれ**所定外労働が行われる順に通算**して、自社の労働時間制度における法定労働時間を超える部分があるかないかを確認します。もちろん、自社で所定外労働がない場合は、所定外労働時間の通算は不要となります。また、自社では所定外労働があるが、副業先では所定外労働がない場合は、自社の所定外労働時間を通算すれば足りることとなります。

　副業先における実労働時間は、前述のとおり労働者からの申告等により把握することとなります。なお、副業先における実労働時間は、必ずしも日々把握する必要はなく労基法を遵守するために必要な頻度で把握すれば足りるとされ、ガイドラインにおいて **[図表 2-6]** のようなものが例示されています。

　また、自社における所定外労働時間と副業先における所定外労働時間とを当該所定外労働が行われる順に通算して、自社の労働時間制度における法定労働時間を超える部分がある場合は、その部分が時間外労働となります。通算して時間外労働となる時間のうち、自社において労働させる時間については、自社における 36 協定の延長時間の範囲内とする必要があります。

　さらに、通算して時間外労働となる時間によって、時間外労働と休日労働の

図表 2-6 労働時間把握の方法例

・一定の日数分をまとめて申告等させる
　（例：1 週間分を週末に申告する等）
・所定労働時間どおり労働した場合には申告等は求めず、実労働時間が所定労働時間どおりではなかった場合のみ申告等させる
　（例：所定外労働があった場合等）
・時間外労働の上限規制の水準に近づいてきた場合に申告等させる

※上記は時間外労働の上限規制の遵守等に支障がない場合に限る

資料出所：厚生労働省「副業・兼業の促進に関するガイドライン」

合計が単月で 100 時間未満であること、2 〜 6 カ月を平均して 80 時間以内で あることは遵守しなければなりませんので、1 カ月単位で労働時間を通算管理 する必要が生じます。

(3) 割増賃金の取り扱い

まず所定労働時間について、労働契約の締結の先後の順に通算し、次に所定 外労働の発生順に所定外労働時間を通算して、それぞれの事業場での所定労働 時間・所定外労働時間を通算した労働時間を把握することは(1)、(2)で述べ たとおりです。こうして把握した労働時間について、自社の労働時間制度にお ける法定労働時間を超える部分のうち、自社にて労働させた時間について、時 間外労働の割増賃金を支払うこととなります [**図表 2-7**]。

なお、時間外労働の割増賃金の率は、自社における就業規則等で定められた 率となります。

[3] 通達・ガイドラインで提唱された「管理モデル」

[1]、[2]で見てきたように、副業が絡む労働時間管理は複雑なものとなり ますので、自社での業務が本業か副業かを問わず、会社にとっては管理の負担 が大きいものとなります。また、社員にとっても、定期的に労働時間を申告す る等の負担が発生することとなります。これらの負担を軽減するため、通達 (令 2. 9. 1 基発 0901 第 3)およびガイドラインにおいて、労基法に定める 最低労働条件が遵守され、かつ簡便な労働時間管理を行うことができる「管理 モデル」と呼ばれる新たな方法が提唱されました。

(1) 概要

管理モデルとは、社員との労働契約締結が時間的に先の会社と労働契約締結 が時間的に後の会社のそれぞれで、あらかじめ労働時間の上限を設定し、それ に伴い発生する割増賃金の支払いに関しても決定してしまうというものです。

具体的には、労働契約締結が時間的に先の会社(本業の会社とします)にお

図表 2-7 所定外労働時間の通算と割増賃金の支払い

（例1）**企業A**：時間的に**先に**労働契約を締結
　　　　　　　　・所定労働時間　1日3時間（7:00 ～ 10:00）…①
　　　　　　　　・当日発生した所定外労働2時間（10:00 ～ 12:00）…③
　　　　企業B：時間的に**後に**労働契約を締結
　　　　　　　　・所定労働時間　1日3時間（15:00 ～ 18:00）…②
　　　　　　　　・当日発生した所定外労働1時間（18:00 ～ 19:00）…④

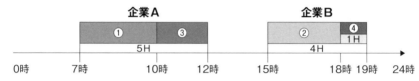

→①＋②＋③で法定労働時間に達するので、**企業B**で行う1時間の所定外労働時間（18:00 ～ 19:00）は法定時間外労働となり、**企業B**における36協定で定めるところにより行う。
企業Bはその1時間について割増賃金を支払う必要がある。

（例2）**企業A**：時間的に**先に**労働契約を締結
　　　　　　　　・所定労働時間　1日3時間（14:00 ～ 17:00）…①
　　　　　　　　・当日発生した所定外労働2時間（17:00 ～ 19:00）…④
　　　　企業B：時間的に**後に**労働契約を締結
　　　　　　　　・所定労働時間　1日3時間（7:00 ～ 10:00）…②
　　　　　　　　・当日発生した所定外労働1時間（10:00 ～ 11:00）…③

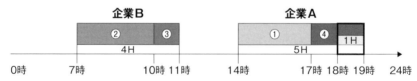

→①＋②＋③＋（④のうち1時間）で法定労働時間に達するので、**企業A**で行う1時間の所定外労働時間（18:00 ～ 19:00）は法定時間外労働となり、**企業A**における36協定で定めるところにより行う。
企業Aはその1時間について割増賃金を支払う必要がある。

留意点	・所定労働時間の通算は**労働契約締結の先後の順**に通算 ・所定**外**労働時間の通算は**当該所定外労働が行われる順**に通算

資料出所：厚生労働省「副業・兼業の促進に関するガイドライン　わかりやすい解説」を一部改変

ける1カ月の「法定外労働時間」と、労働契約締結が時間的に後の会社（副業先の会社とします）における、所定労働時間内であるか時間外であるかを問わず1カ月の「すべての労働時間」を合計した時間数が、単月100時間未満、複数月平均80時間以内となる範囲内で、それぞれが労働時間の上限を設定します。これにより、本業の会社では、あらかじめ定めた法定外労働時間の上限を超えることなく働かせていれば、副業先の会社における労働時間が何時間であっても、労基法に抵触することはありません。また、副業先の会社についても、あらかじめ定めた時間の範囲で働かせる分には、労基法に抵触することはない、となります。つまり、他社における実労働時間の把握を要することなく、労基法を遵守することが可能となるわけです。

(2) 管理モデルの導入・実施

　本業の会社が管理モデルにより副業を行うことを社員および副業先の会社に求め、双方がこれに応じることによって、管理モデルの導入・実施が可能となります。このように、社員、本業の会社、副業先の会社の三者間での合意が必要となります。

　その上で、本業の会社における1カ月の法定外労働時間と副業先の会社における1カ月の労働時間とを合計した時間数が単月100時間未満、複数月平均80時間以内となる範囲内で、それぞれの使用者の事業場における労働時間の上限を設定することとなります。なお、労働時間の起算日が、それぞれ異なる場合にはどうすればよいのか、ということが容易に思い付きますが、この場合の取り扱いに対しては「各々の使用者は、各々の事業場の労働時間制度における起算日を基に、そこから起算した1か月における労働時間の上限をそれぞれ設定することとして差し支えない」とガイドラインに示されています。

　そして、時間外労働に対する割増賃金の支払いについては、本業の会社では、自社の「法定外労働時間の労働」に対して、また副業先の会社については、所定労働時間内であると時間外であるとを問わず「すべての労働時間」に対して、それぞれ割増賃金を支払うこととなります [図表2-8]。つまり、**労働契約を時**

図表 2-8 管理モデル

通算して適用される時間外労働の上限規制（月 100 時間未満、複数月平均 80 時間以内の要件）を遵守する必要があることから、これを超過しない範囲で設定

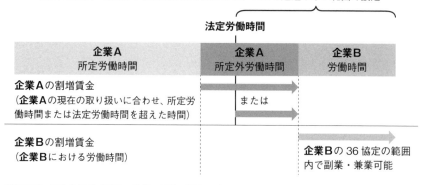

資料出所：厚生労働省「副業・兼業の促進に関するガイドライン　わかりやすい解説」を一部改変

間的に後に締結した副業先は常に（所定労働時間内であっても）割増賃金を支払うこととなります。なお、本業の会社が、就業規則等で法定外労働時間に加え、法定内であっても所定外労働時間については割増賃金を支払うこととしている場合には、管理モデルを導入している場合でも同様に取り扱うこととなりますし、割増賃金の割増率についても、それぞれの就業規則等に従うこととなります。

（3）管理モデルの導入に当たっての通知

　このように簡便な労働時間管理を可能にする管理モデルですが、前述したように、導入に当たっては労働契約を後に締結した会社の理解と合意が必要となります。通知に関しては、副業を行う社員を通して行うこととなります。労働契約を先に締結した会社としては、社員に通知書（後段 **7**[3]参照）を交付し、適正な合意が得られるよう促すことが考えられます。あらかじめ合意書（後段 **7**[3]参照）の形としてもよいでしょう。

　また、導入時に設定した労働時間の上限を変更する必要が生じた場合には、あらかじめ社員を通じて副業先に通知した上で変更し、副業先においても設定した労働時間の上限を変更してもらうことは可能です。こうした変更をトラブルなく

行うことができるよう、この旨を通知書に記載しておくと効果的だと思われます。

(4)「副業先が管理モデルに応じること」を副業承認の基準とできるか

簡便な労働時間管理を可能にする管理モデルのメリットは、本業、副業先の双方に認められるといえますが、本業での労働時間管理の簡便さというメリットを享受するため、「副業先が管理モデルに応じること」を本業の会社における副業の承認基準とすることができるでしょうか。この場合、こうした基準が、副業を制限するのに合理的であるといえるかが問題となります。この点、前述のとおり、副業をすることはそもそも社員に認められた権利である以上、その制限は本業との労働契約において付随する義務に関連するものとすべきです。

とすると、「副業先が管理モデルに応じること」を副業の承認基準たる"付随義務に関連した項目"と捉えるのは困難ではないかと考えます。また、これが副業承認の基準として認められるとすると、管理モデルの導入には社員のほうで副業先にあらかじめ合意を得てもらう必要がありますが、副業先が必ずしもこれに応じるとは限りませんし、社員のほうでもこれに応じる副業先を探すことは相当の負担となるかもしれません。結果として、副業申請を抑制したり、副業を諦めさせる効果をもたらすおそれもあるといえます。

そのため、管理モデルの導入と副業承認とは切り離し、副業を承認した上で、あくまで本業、社員、副業先のコミュニケーションを通じて、真意に基づく合意をもってこれを実施するべきものと考えます。この点、厚生労働省がガイドラインの補足資料としてまとめた「『副業・兼業の促進に関するガイドライン』Q&A」（以下、Q&A）において、「企業が労働者の副業・兼業を認めるに当たって、管理モデルによる副業・兼業を要件とすることは可能か」（引用文中の傍点・傍線は筆者、以下同じ）という問いに対し、「副業・兼業を認めるに当たって、管理モデルによる副業・兼業を原則とすることは差し支えありません」としており、さらに「ただし、労働時間以外の時間は本来労働者の自由に利用できる時間であることに鑑みると、管理モデルにより必要以上の制限を行うことは望ましくなく、副業・兼業先の企業が管理モデルの導入に応じないなど管理

モデルによる副業・兼業が難しい場合でも、企業と労働者との間で十分にコミュニケーションをとり、双方納得のいく形で副業・兼業を進めることが重要です」と補足することで、「要件」とすることに対しては慎重に判断すべきであると読める見解を示しています。

[4] 労働時間制度ごとの検討

　これまでは、本業の会社および副業先の会社が通常の労働時間管理を行っていることを前提としてきました。しかしながら、社員が自社で従事する業務に適用される労働時間制度と、副業先で従事する業務に適用される労働時間制度が異なることも容易に想定されます。その場合において、労働時間の通算はどのように行うのかが問題となり、特に本業の会社もしくは副業先の会社のいずれかのみで変形労働時間制やみなし労働時間制を採用していた場合には注意が必要です。この点については Q&A で詳細に示されています。

(1) 基本的な考え方

　原則的な労働時間の通算方法は、労働契約の締結の先後の順に所定労働時間を通算し、その後、実際に発生した順に所定外労働時間を通算する、ということとなりますが、これに対し、変形労働時間制やみなし労働時間制が適用される場合にあっては、「所定労働時間を『固定的なもの』、所定外労働時間を『変動的なもの』と捉え、固定的なものを所与のものとしてあらかじめ通算した上で、その後変動的なものを管理（通算）していく、という考え方と整理」できると、Q&A では回答しています。つまり、労働契約の締結の先後の順に「固定的なもの」（所定労働時間等）を通算し、その後、実際に発生した順に「変動的なもの」（所定外労働時間等）を通算する、ということとなります。ただ、これに当てはまらない労働時間制度があります。それはフレックスタイム制です。フレックスタイム制については 1 日の所定労働時間という概念がないからです。副業時のフレックスタイム制の取り扱いは後述しますが、まずは、その他の労働時間制度における考え方を見ると、Q&A では **［図表 2-9］** のように

図表 2-9 労働時間制度ごとの考え方

	固定的なもの （固定的な労働時間）	変動的なもの （変動的な労働時間）
変形労働時間制 （1 カ月単位、 1 年単位、 1 週間単位）	所定労働時間	所定外労働時間 （所定労働日における所定外労働と、所定休日における労働時間の両方）
事業場外みなし 労働時間制	所定労働時間	①所定労働日のうち、事業場外で業務に従事し、当該業務に関して「業務の遂行に通常必要とされる時間」労働したものとみなされる日について、 ・労働時間の全部について事業場外で業務に従事した場合は、その「業務の遂行に通常必要とされる時間」が所定労働時間を超えた時間 ・労働時間の一部について事業場外で業務に従事した場合は、事業場内で労働した時間と、事業場外で従事した業務に係る「業務の遂行に通常必要とされる時間」とを合算した上で、合算した時間のうち、所定労働時間を超えた時間 ②（ア）所定休日のうち、事業場外で業務に従事し、所定労働日における所定労働時間労働したとみなされる日について、 ・その所定労働時間 ②（イ）所定休日のうち、事業場外で業務に従事し、当該業務に関して「業務の遂行に通常必要とされる時間」労働したものとみなされる日について、 ・労働時間の全部について事業場外で業務に従事した場合は、その「業務の遂行に通常必要とされる時間」 ・労働時間の一部について事業場外で業務に従事した場合は、事業場内で労働した時間と、事業場外で従事した業務に係る「業務の遂行に通常必要とされる時間」とを合算した時間
裁量労働制	所定労働日における みなし労働時間	所定休日における労働時間

資料出所：厚生労働省「『副業・兼業の促進に関するガイドライン』Q&A」
［注］ 自らの事業場の法定休日における労働時間（自らの事業場における法定休日に自ら労働させた時間）は、いずれの労働時間制度においても「変動的な労働時間」として労働時間の通算を行う。

まとめています。

　これに基づき、労働契約の締結の先後の順に固定的な労働時間を通算し、その後、実際に発生した順に変動的な労働時間を通算することとなります。

(2) フレックスタイム制による通算

　一方、フレックスタイム制についてはかなり複雑になり、Q&A でも多くを割いて説明に充てています。「固定的な労働時間」、「変動的な労働時間」という考え方は他の労働時間制度と同様ではありますが、ここでは、次のような前提を設定した上で、A 事業場と B 事業場における労働時間の通算を見ていきます。

	労働契約の先後	労働時間制度
A 事業場 （自らの事業場）	先	フレックスタイム制 （清算期間 1 カ月）
B 事業場 （他の事業場）	後	通常労働時間管理 （1 日 8 時間、1 週 40 時間）

① A 事業場における労働時間の通算の考え方

ⅰ）A 事業場における清算期間における法定労働時間の総枠の範囲内までの労働時間について「固定的な労働時間」とする

ⅱ）当該清算期間中の B 事業場における「固定的な労働時間」（所定労働時間など、各労働時間制度において固定的なものと捉える労働時間）を「固定的な労働時間」として通算する

ⅲ）当該清算期間中の B 事業場における「変動的な労働時間」（所定外労働時間など、各労働時間制度において変動的なものと捉える労働時間）を「変

動的な労働時間」として通算する

ⅳ）清算期間の最後に、Ａ事業場における清算期間における法定労働時間の総枠を超えた労働時間を「変動的な労働時間」として通算する

② Ｂ事業場における労働時間の通算の考え方

ⅰ）フレックスタイム制であるＡ事業場における１日・１週間の所定労働時間を、清算期間における法定労働時間の総枠の１日・１週分（１日８時間・１週40時間）であると仮定して、Ａ事業場における労働時間について１日８時間・１週40時間を「固定的な労働時間」とする

ⅱ）Ｂ事業場における「固定的な労働時間」（所定労働時間など、各労働時間制度において固定的なものと捉える労働時間）を、法定外労働時間として通算する

ⅲ）Ｂ事業場における「変動的な労働時間」（所定外労働時間など、各労働時間制度において変動的なものと捉える労働時間）を、法定外労働時間として通算する

ⅳ）Ａ事業場における清算期間における法定労働時間の総枠を超えた時間を通算する

　ここまでの①、②を踏まえ、使用者Ａ・Ｂ双方の事業場における法定労働時間を１日８時間、１週40時間、所定労働日を月〜金曜日、法定休日を日曜日と仮定して作成した、労働時間の通算の考え方の具体的なイメージが［**図表2-10**］です。

　労働時間の通算の順序については、それぞれ［**図表2-10**］の「①−❶→❹」「②−❶→❹」の順になり、割増賃金の支払いに関しては次のとおりとなります。

Ａ事業場：清算期間における労働時間の総枠（31日の月なので177.1時間）を超えたＡ事業場における労働時間に対して、使用者Ａは割増賃金を支払う必要がある。［**図表2-10**］の例でいえば、30日の１時

図表 2-10 労働時間の通算の考え方の具体的なイメージ

フレックスタイム制の事業場
（A事業場）の場合

フレックスタイム制でない事業場
（B事業場）の場合

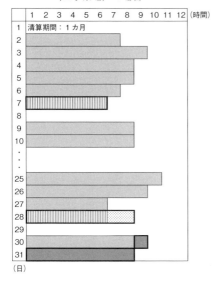 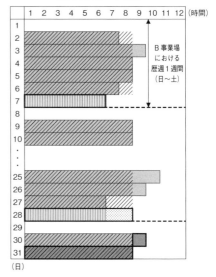

■ ：A所定労働（清算期間における労働時間の総枠）【①-❶】

■ ：A所定外労働（清算期間における労働時間の総枠超）【①-❹】

▥ ：B所定労働【①-❷】

▦ ：B所定外労働【①-❸】

□ ：Aからみた時間外労働（上限規制の対象）【時間／月の値】

▨ ：Aでの時間外労働（36協定、割増賃金支払いの対象）【時間／月の値】

■ ：A所定労働（A清算期間における労働時間の総枠）

■ ：A所定外労働（A清算期間における労働時間の総枠超）【②-❹】

▨ ：Bが通算に使用できる固定的な時間【②-❶】（▨ の1日・1週の平均）

▥ ：B所定労働【②-❷】

▦ ：B所定外労働【②-❸】

□ ：Bからみた時間外労働（上限規制の対象）【時間／週の値】

▨ ：Bでの時間外労働（36協定、割増賃金支払いの対象）【時間／週の値】

資料出所：厚生労働省「『副業・兼業の促進に関するガイドライン』Q&A」掲載の図に労働時間通算の順序を加筆

間および 31 日の 8 時間の部分が該当する。

B 事業場：[**図表 2-10**] の例では A 事業場の「固定的な労働時間」として 1
　　　　　日 8 時間、1 週 40 時間と考えることから、B 事業場における労働
　　　　　時間はすべて法定外労働時間ということになり、当該時間について
　　　　　使用者 B は割増賃金を支払う必要がある。具体的には、7 日の 6 時
　　　　　間および 28 日の 8 時間の部分が該当する。

　なお、Q&A では「B 事業場において、使用者 B が、副業・兼業を行う労働
者の A 事業場における日ごとの労働時間を把握しており、A 事業場における
日ごとの労働時間と B 事業場における労働時間を通算しても法定労働時間の
枠に収まる部分が明確となっている場合は、副業・兼業を行う労働者の A 事
業場における日ごとの労働時間と自らの事業場における日ごとの労働時間を通
算して法定労働時間内に収まる部分の労働時間について、自らの事業場におけ
る時間外労働とは扱わず割増賃金を支払わないこととすることは差し支えあり
ません」とされていることから、A 事業場の日々の労働時間が把握できるなら
ば割増賃金を支払う必要がない場合も考えられる、ということとなります。

　以上、ここでは、本業である A 事業場をフレックスタイム制、副業先であ
る B 事業場を通常労働時間管理とするケースを取り上げましたが、本業が通
常労働時間管理、副業先がフレックスタイム制の場合や、本業、副業先双方が
フレックスタイム制であった場合でも考え方は同様となるといえます。

2で述べたように、雇用型の副業を行う場合、労働時間については複雑な管理が求められますが、休日や休暇、休業に関してはどうでしょうか。

[1] 社員が副業を行った場合の休憩・休日・年次有給休暇

休憩（労基法34条）、休日（労基法35条）、年次有給休暇（労基法39条）については、労働時間に関する規定ではないため、前述した労基法38条1項（労働時間は、事業場を異にする場合においても、労働時間に関する規定の適用については通算する）の適用はなく、本業・副業での通算はされないことがガイドライン上でも明記されています。したがって、会社としては自社における休憩・休日・年次有給休暇管理を行うことで足ります。

[2] 休業・休職中の副業をどう考えるか（育児・介護休業、私傷病休職等）

休日・休暇・休業に関する一つの論点として、本業を休業・休職している間に副業を行うことが認められるか、またこれを制限することができるか、というものがあります。

(1) 育児・介護休業中の副業の可否

育児・介護休業は、子の養育を行い、あるいは要介護状態の家族を介護し、職場復帰に向けた準備をするために労務提供義務を免除させる制度ですので、その期間中に就労することはそもそも想定されていません。しかしながら、会社と社員が話し合いを行った結果、子の養育や介護をする必要がない期間に限り、一時的・臨時的に就労することはできるとされています。

このことは副業についても当てはまることであり、育児・介護休業中であるということだけをもって会社が副業を一律に禁止する合理的な理由は見つけ難いといえます。そのため、通常の副業の場合と同様、労働者からの申請があり、社内基準に照らして不適切な要素がなければ、原則として認められるものと解

されます。ただし、休業の趣旨はあくまでも両立支援ですので、これに反するような就労についてまで認める必要があるかというと疑問があります。副業については、一時的・臨時的な就労である必要は必ずしもないかもしれませんが、休業中のほとんど全期間について副業を行うとか、副業場所まで長時間の通勤を要するような場合には、休業の趣旨に反しているものといえるでしょう。

　また、育児・介護休業中は、雇用保険から育児休業給付金・介護休業給付金が支給されることとなります。この給付は、休業中に収入がなくなることに対するセーフティーネットとしての役割を果たすものですが、休業中に就労する場合も、一時的・臨時的な就労であり、かつ定められた要件を満たしていれば、これを受給することが可能となります **[図表2-11]**。

　これらの要件は、就労が副業であっても適用されるものですので、休業期間中に副業を行う申請があった場合には、この点も念頭に置いておき、社員に知らせておくなど、注意すべきでしょう。

図表2-11 **一時的・臨時的就労があった場合の育児休業給付金・介護休業給付金の受給要件**

	育児休業給付金	介護休業給付金
就労日数	1支給単位期間 [注1] において、就労している日数が10日以下、または就業している時間が80時間以内であること	・1支給単位期間において就労している日数が10日以下であること ・介護休業終了日の属する1カ月未満の支給単位期間については、上の要件とともに、全日休業している日が1日以上あること
実際に支給された賃金	・1支給単位期間において、 「休業開始時賃金日額 [注2] ×支給日数 [注3] の80％」以上の賃金が支払われている場合は、休業給付の支給額は、0円となる ・80％に満たない場合でも、収入額に応じて、支給額が逓減される	

[注] 1. 「支給単位期間」とは、休業を開始した日から起算した1カ月。
　　 2. 休業開始時賃金日額は、原則として、休業開始前6カ月間の総支給額（保険料等が控除される前の額。賞与は除く）を180で除した額。
　　 3. 1支給単位期間の支給日数は、原則として、30日。

(2) 私傷病休職中の副業の可否

　一方、私傷病休職については、健康上労務に服することができないことから、労務提供を免除している状況ですので、私傷病休職中の社員としては療養に専念すべきであるといえます。副業を認めることで本業の業務（復職）に支障を来すおそれもあることから、原則としてはこれを認める理由はなく、副業を禁止することも可能と考えられます。ただ、本業の業務（復職）に支障を来すおそれがないといえるような場合にまで、一律に禁止できるか、というと疑問の余地があります。例えば、身体上の理由で通勤不可である場合の在宅勤務での副業であったり、本業に復するまでの訓練的な内職や軽作業等を行ったりする場合などです。そのようなことから、個別具体的な事情を勘案し、会社と社員でしっかり話し合った上で、副業を認めるかどうか柔軟に対応することが重要であるといえるでしょう。これに関しては次のような裁判例があります。

関連裁判例 ─ ジャムコ立川工場事件（東京地裁八王子支部　平17. 3.16判決）

《事案の概要》

　休職期間中に給与を一部支給されたままオートバイ店を開店・営業していた行為は、会社の職場秩序に影響し、従業員の地位と両立することのできない程度・態様のものであると認められることから、就業規則上の懲戒解雇事由が認められるとされた事案。

《判決要旨》

「休職給を受けながら自営業を営むことは、他の従業員から見れば奇異であり、職場秩序を乱すものであって、本件懲戒解雇事由である本件オートバイ店の営業行為の服務規律違反の程度は、原告被告間の雇用契約における信頼関係を損なう程度のものと認めるのが相当である」

　なお、私傷病休職中は健康保険から傷病手当金を受給できますが、労務不能の状態であることが支給要件とされていますので、副業によって収入があるとすると、傷病手当金の受給に影響が出ることとなる点も注意すべきでしょう。

4 | 社員が雇用型の副業をする際の健康管理・安全配慮義務

[1] 会社に求められる健康管理

　安衛法上、社員に対する健康管理は会社としての義務となりますが、このことは社員が副業を行っているか否かに関わるものではありません。ガイドラインにおいては、「使用者は、労働者が副業・兼業をしているかにかかわらず、労働安全衛生法第66条等に基づき、健康診断、長時間労働者に対する面接指導、ストレスチェックやこれらの結果に基づく事後措置等（以下「健康確保措置」という。）を実施しなければならない」とし、この点を強調しています。

　また、労基法上の割増賃金の支払いや36協定上の上限規制の遵守といった観点はもちろんですが、健康管理の観点からも労働時間の通算は適正に行う必要があります。

　なお、健康確保措置等の円滑な実施について、ガイドラインでは [**図表 2-12**] のような留意点を挙げています。

　一方、社員は、副業を行うに当たって、副業先を含めた業務量やその進捗状況、労働時間や健康状態を自己管理する必要があります。また、健康確保措置を実効性のあるものとする観点から、副業先の業務量や自らの健康状態等について会社に報告する、といった対応が必要でしょう。

図表 2-12 健康確保措置等の留意点

- 社員に対して、健康保持のため自己管理を行うよう指示する
- 社員に対して、心身の不調があれば都度相談を受けることを伝える
- 副業の状況も踏まえ必要に応じ法律を超える健康確保措置を実施する
- 自社での労務提供と副業先での労務提供との兼ね合いの中で、時間外・休日労働の免除や抑制を行う

［2］ 会社に求められる安全配慮義務の履行

　会社に求められる安全配慮義務は、労契法5条において「使用者は、労働契約に伴い、労働者がその生命、身体等の安全を確保しつつ労働することができるよう、必要な配慮をするものとする」と定められています。これを副業の場合について見ると、副業を行う労働者を使用する「すべての使用者」、つまり、本業の会社も副業先の会社も同様に、社員に対して安全配慮義務を負っているということとなります。安全配慮義務の性質は、労働契約を締結している会社に対して、労働契約に付随して信義則上認められるものだからです。

　ガイドラインでは、副業・兼業に関して問題となり得る場合として「使用者が、労働者の全体としての業務量・時間が過重であることを把握しながら、何らの配慮をしないまま、労働者の健康に支障が生ずるに至った場合等が考えられる」とされています。会社の不作為もしくは管理の懈怠（けたい）によって安全配慮義務が履行されなかった、ということです。

　また、特に健康障害の防止については、［図表2-13］のような対応を例に挙げ、安全配慮義務の重要性を強調しています。

　なお、管理監督者などの労働時間規制が適用されない労働者については、労働時間の通算の対象からは外れることとなります。ただし、管理監督者も労働者である以上、安全配慮義務の適用対象となります。そのため、安全配慮義務の観点から、副業先の労働時間を事実上把握する必要があることには留意しておく必要があります。

図表 2-13　使用者による安全配慮義務の履行例

- 就業規則、労働契約等において、長時間労働等によって労務提供上の支障がある場合には、副業・兼業を禁止または制限することができることとしておくこと
- 副業・兼業の届け出等の際に、副業・兼業の内容について労働者の安全や健康に支障をもたらさないか確認するとともに、副業・兼業の状況の報告等について労働者と話し合っておくこと
- 副業・兼業の開始後に、副業・兼業の状況について労働者からの報告等により把握し、労働者の健康状態に問題が認められた場合には適切な措置を講ずること

5 社員が雇用型の副業をする際の労災保険、雇用保険、社会保険

[1] 労災保険について

　労災保険の保険給付は、以前は労災事故発生事業場のみで給付基礎日額を算定し、労災事故発生事業場でない勤務先（非災害発生事業場）で支給された賃金は給付基礎日額の算定に影響されないこととなっていました。また、長時間労働など過労の場合の業務上負荷に関しても、従事しているすべての業務の負荷を勘案するような取り扱いはなされていませんでした。しかしながら、このような取り扱いが副業を促進していくための障害にもなりかねず、また多様な働き方を阻害しかねないことにもなります。そこで、令和2年9月に「雇用保険法等の一部を改正する法律」が施行され、このような取り扱いを改善することとなり、複数の仕事を持っている労働者の「賃金額の合算」と「負荷の総合的評価」という新たな考え方が導入されるに至っています。このことを踏まえた上で、副業における労災保険の適用等について解説します。

(1) 賃金額の合算

　労災保険の保険給付の中には休業補償給付をはじめ給付基礎日額をベースに給付額を決定するものが存在します。これまでは労災事故が発生した業務で算出した給付基礎日額のみで保険給付の額が決まっていましたが、法律が施行された令和2年9月以降の労災事故に関しては、複数の業務を行っている場合、そのすべての賃金等を合算した額を基に給付額を決定することとなりました[図表2-14]。

(2) 負荷の総合的評価

　上記の法施行により「複数業務要因災害」という災害類型が新設されました。複数業務要因災害とは、複数事業労働者の、二以上の事業の業務を要因とする傷病等のことをいいます。対象となる傷病等は、脳・心臓疾患や精神障害など

図表 2-14 賃金額の合算の具体例

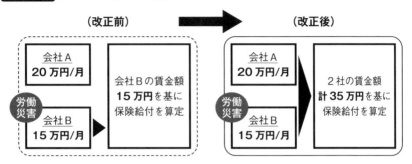

（※）具体的な保険給付額は「給付基礎日額」によって算出し、休業 4 日目から、休業 1 日につき給付基礎日額の 80％相当額を給付。給付基礎日額とは、事故等の日（算定事由発生日）以前 3 カ月分の賃金を暦日数で割ったもの。

資料出所：「副業・兼業の促進に関するガイドライン　わかりやすい解説」

図表 2-15 負荷の総合的評価の具体例

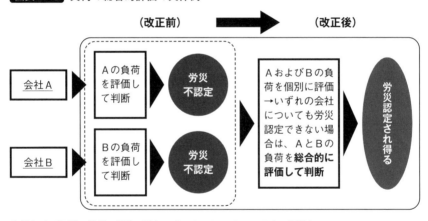

資料出所：「副業・兼業の促進に関するガイドライン　わかりやすい解説」

です。複数事業労働者とは、傷病等が生じた時点において、事業主が同一でない複数の事業場に同時に使用されている労働者をいいます。そして、この場合には複数の事業場の業務上の負荷（労働時間やストレス等）を総合的に評価して、労災と認定できるかを判断することとなります **[図表 2-15]**。ただ、複数

事業労働者でも、一つの事業場のみの業務上の負荷を評価して労災認定の判断ができる場合は、これまでどおり業務災害として労災認定されることとなります。

(3) 事業所間の移動中の災害

　複数事業労働者の場合、一方の就業先から別の就業先への移動に関しては、労務を提供するために行われる「通勤」であると考えられます。そのため、例えば副業先に出向く途上で災害に遭った場合には、通勤災害として労災保険給付の対象となります。なお、当該移動の間に起こった災害に関する保険関係の処理については、終点たる事業場（上記の例でいえば副業先）の保険関係で行うものとされています（平 18. 3.31　基発 0331042）。

(4) 業務災害により本業については労務不能であるが、副業については労務可能な場合

　例えば、本業において業務災害が発生した場合に、本業の就労は不可能であるが、副業であれば就労できるというケースが生じることもあり得ると思われます。本業が建設業で、現場に出ることが必須である社員が、業務災害で足を骨折し自宅から動けない状態であるものの、副業はテレワークでの作業であるため業務に従事できる場合などです。この場合、特に休業補償給付の支給について問題となります。

　労災には一部労務不能という考え方があり、所定労働時間の一部について労働し賃金を受けた場合は、給付基礎日額から当該賃金額を控除した額の 6 割が支給されることとなります（労災保険法 14 条 1 項）。休業補償給付の支給要件として、①業務上の事由または通勤による傷病や疾病による療養であること、②労働することができないこと、③賃金を受けていないこと——の 3 点すべてを満たす必要があります。通院等で所定労働時間の一部について労働することができない場合で、実労働時間に対して支払われた賃金が平均賃金の 6 割未満であれば、上記「②労働することができない」「③賃金を受けていない」日として取り扱われることとなります。

ここで、とある事業場（上記例でいえば副業先）においてなら、所定労働時間のうちその全部で労働できる一方、他の事業場（上記例でいえば本業先）においては労働することができず、所定労働時間のうち全部について休業している場合の給付額は、「所定労働時間のうちその一部についてのみ労働する日」に準じて取り扱うことと解されます。

　したがって、このような場合は、本業先および副業先から支払われている賃金額を合算した額を基礎として給付基礎日額を算出し、そこから労働した1日分の賃金を控除して得た額の6割（限度額を上限とする）が休業補償給付額として支給されるケースもある、ということとなります。

[2] 雇用保険について

　もう一つの労働保険である雇用保険については、同時に複数の事業主に雇用されている者が、それぞれの雇用関係において雇用保険の被保険者要件（①1週間の所定労働時間が20時間以上である者、②継続して31日以上雇用されることが見込まれる者）を満たしたとしても、その者が「生計を維持するに必要な主たる賃金」を受ける会社においてのみ被保険者とされることになります。つまり労災保険のような通算はなく、本業の会社、副業先の会社のいずれかにおいて雇用保険の資格を取得し、その賃金をベースに雇用保険料の計算がなされることになります。

　ただ、先の「雇用保険法等の一部を改正する法律」において、令和4年1月より65歳以上の労働者本人の申し出を起点として、とある事業所との雇用関係では被保険者要件を満たさない場合であっても、他の事業所の労働時間を合算して雇用保険を適用する、という制度が試行的に開始されました。これを「雇用保険マルチジョブホルダー制度」といいます。

　雇用保険マルチジョブホルダー制度は、複数の事業所で勤務する65歳以上の労働者が、そのうち二つの事業所での勤務を合計して以下の要件を満たす場合に、本人からハローワークに申し出を行うことで、申し出を行った日から特例的に雇用保険の被保険者（マルチ高年齢被保険者）となることができる制度

です。

《雇用保険マルチジョブホルダー制度の適用要件》
・複数の事業所に雇用される 65 歳以上の労働者であること
・二つの事業所（一つの事業所における 1 週間の所定労働時間が 5 時間以上 20 時間未満）の労働時間を合計して 1 週間の所定労働時間が 20 時間以上であること
・二つの事業所のそれぞれの雇用見込みが 31 日以上であること

　雇用保険マルチジョブホルダー制度は、マルチ高年齢被保険者としての適用を希望する本人が手続きを行うことに特徴があります。希望者は、手続きに必要な証明（雇用の事実や所定労働時間など）に関して事業主に記載を依頼し、適用を受ける 2 社の必要書類をそろえてハローワークに申し出ることとなります。また、マルチジョブホルダーがマルチ高年齢被保険者の資格を取得した日から雇用保険料の納付義務が発生します。

　マルチ高年齢被保険者が失業した場合には、一定の要件（離職の日以前 1 年間に、被保険者期間が通算して 6 カ月以上あること等）を満たせば、高年齢求職者給付金を一時金で受給することができます。ここでいう失業とは、二つの事業所のうち一つの事業所のみを離職した場合でも該当し、高年齢求職者給付金を受給することができます。ただし、上記二つの事業所以外の事業所で就労をしており、離職していないもう一つの事業所と当該三つ目の事業所を合わせて、マルチ高年齢被保険者の要件を満たす場合は、被保険者期間が継続されるため、受給することができません。

　給付額は、原則として、離職の日以前の 6 カ月に支払われた賃金の合計（二つの事業所のうち一つの事業所のみを離職した場合は、離職していない事業所の賃金は含めない）を 180 で割って算出した金額（賃金日額）のおよそ 5 〜 8 割となる「基本手当日額」の 30 日分（被保険者期間 1 年未満）または 50 日分（被保険者期間 1 年以上）となっています。

[3] 社会保険（厚生年金保険・健康保険）について

　社会保険（厚生年金保険および健康保険）の適用要件は、事業所ごとで判断されることとなります［**図表 2-16**］。

　このため、社会保険の算定に当たっては、複数の雇用関係に基づき複数の事業所で労働時間等を合算する、といった取り扱いはされません。ただ、同時に複数の事業所で就労している者が、それぞれの事業所で被保険者要件を満たす場合には、「健康保険・厚生年金保険　被保険者所属選択・二以上事業所勤務届」の提出により、いずれかの事業所の管轄の年金事務所および健康保険組合等の医療保険者を選択することとなります。保険料の決定は、選択された年金事務所および健康保険組合等において各事業所の報酬月額を合算して標準報酬月額を算定することによって行われ、それぞれの事業主は、被保険者に支払う報酬の額により案分した保険料を年金事務所あるいは健康保険組合等に納付することとなります。

図表 2-16　社会保険の適用要件

《一般被保険者の適用要件》
・1 週間の所定労働時間および 1 カ月の所定労働日数が、同じ事業所で同様の業務に従事している通常の労働者の 4 分の 3 以上であること

《短時間被保険者の適用要件※》
・週の所定労働時間が 20 時間以上であること
・雇用期間が 2 カ月以上見込まれること
・賃金の月額が 8 万 8000 円以上であること
・学生でないこと

※被保険者（短時間労働者を除く）の総数が常時 100 人を超える事業所に適用。なお、令和 6 年（2024 年）10 月より被保険者（短時間労働者を除く）の総数が常時 50 人を超える事業所にも適用

6 | 社員が非雇用型の副業をする際の留意点

　これまでは、副業が雇用契約である場合の労務管理について述べてきましたが、副業がフリーランス（業務委託や請負）である場合、起業した場合なども当然想定されます。ここでは、労働者性が認められないことを前提とした非雇用型の副業について、会社に求められる対応・留意点を解説します。

[1] 労働者性について

　そもそも労働者性とは、どのようなことをいうのでしょうか。この点に関しては、労基法9条において、「労働者」を「職業の種類を問わず、事業又は事業所……に使用される者で、賃金を支払われる者」と定義しています。ここから、労基法上の「労働者」とは、使用者の指揮命令を受けて労働し（使用従属性）、かつ賃金を支払われている者、となります。この定義は労基法から派生した安衛法、労災保険法の「労働者」とも一致します。また、均等法や育介法などについても、労基法と同様の「労働者」概念を採用していると解されています。加えて、労契法も2条1項で「この法律において『労働者』とは、使用者に使用されて労働し、賃金を支払われる者をいう」と定め、労基法と同じ定義づけをしています。このことから、労基法上の「労働者」は、原則として労働契約の当事者たる「労働者」ということになります。

　このような「労働者」に該当しないといえることが、「労働者性が認められない」ということになりますが、その判断基準としては、上記の使用従属性の有無によるところとなり、**[図表2-17]** のような要素を総合考慮することとなります。

　このことは労働者派遣事業と請負により行われる事業との区分に関する基準（昭61. 4.17　労告37、最終改正：平24. 9.27　厚労告518）にも用いられており、こちらのほうで目にされたことがあるかもしれません。

　一方、副業に関しても、その形態が雇用であるか、非雇用であるかによって、労務管理の在り方が変わってくることになります。したがって、労働者性の判

図表 2-17 労働者性の判断基準

①仕事の依頼、業務従事の指示等に対する諾否の自由の有無
②業務の内容および遂行方法に対する指揮命令の有無
③勤務場所・時間についての指定・管理の有無
④労務提供の代替可能性の有無
⑤報酬の労働対償性
　（判断困難な限界的事例については、さらに以下の点）
⑥事業者性の有無（機械や器具の所有や負担関係、報酬の額など）
⑦専属性の程度
⑧公租公課の負担（源泉徴収や社会保険料の控除の有無）
──これら諸要素の総合考慮

資料出所：昭和 60 年 12 月 19 日付・労働基準法研究会報告「労働基準法の『労働者』の判断基準について」

断は非常に重要なものといえます。

　「労働者でない」ということになれば、労基法等による保護を享受することができなくなる一方で、使用者の使用従属性から離れて自由に活動することができるようになる、というメリットもあります。そういった意味において、これから副業を行おうとする社員に対して、副業が非雇用であることによって、雇用である場合と何がどう異なるのか、情報提供しておくとよいでしょう。

　以下は、労働者性が認められないことを前提とした非雇用型の副業を念頭に置いた記載となります。

[2] 副業の承認基準について

　そもそも副業を制限できる根拠は、本業との間で成立する労働契約に対して、信義則上認められる付随義務の履行に基づくものでした（前出 [**図表 2-1**] 参照）。

　このことは、副業が雇用であろうがなかろうが妥当するものといえます。そのため、[**図表 2-1**] の基準を総合的に考慮して非雇用型の副業を制限することは、雇用である場合と同様に可能となります。

[3] 労働時間管理について

　前述のとおり、労働時間管理が通算されるのは、副業が雇用契約によるものの場合に限られます。そのため非雇用型の副業の場合は、副業に従事した時間を通算する必要はなく、会社として36協定の上限規制や割増賃金の支払いなどを管理することも不要となります。なお、副業が雇用の場合であっても、通算されない休憩や休日、休暇については、当然のことながら管理する必要はありません。

[4] 健康管理について

　非雇用型の副業である場合、安衛法の適用もありませんので、安衛法上の健康確保措置を考える必要もないこととなります。ただ、本業の会社には安全配慮義務があるため、この観点から副業の実態の把握等は行っておくのが望ましいことは、前述のとおりです。

[5] 労働保険・社会保険について

（1）労働保険の適用

　労働保険は被保険者が労働者であることが要件となりますので、非雇用型の副業に対して被保険者資格を取得することはありません。したがって、前述したように、労災保険における「賃金額の合算」や「負荷の総合的評価」といった取り扱いもなされませんし、副業に対する雇用保険の適用もありません。

（2）社会保険の適用

　一方、社会保険については多少疑義の残るところとなります。というのは、社会保険の被保険者については、取締役など会社役員に対しても適用され、被保険者を労働者に限定していないからです。

　この点、社会保険では「常用的使用関係」という概念を用いて被保険者性を判断することとなります。「常用的使用関係」とは、適用事業所で業務に従事し、労務の対償として給与等を受けるという使用関係が常用的であることをい

います。これに関しては、法人の代表者あるいは役員における被保険者資格の判断についての疑義照会において、「労務の対償として報酬を受けている法人の代表者又は役員かどうかについては、その業務が実態において法人の経営に対する参画を内容とする経常的な労務の提供であり、かつその報酬が当該業務の対価として当該法人より経常的に支払を受けるものであるかを基準として判断」する旨が、日本年金機構より公表されています。また、この際の判断材料としては、[図表2-18]のようなものが挙げられています。

　例えば、フリーランスのような個人事業主としての仕事を副業としている場合については、国民健康保険や国民年金が適用されることとなり、社会保険が適用されることはありません。国民健康保険等と社会保険が同一人物に二重適用されることはありませんので、強制適用である社会保険が優先されます。つまり、本業における社会保険のみの適用となります。しかしながら、副業で別会社の役員となった場合等には、副業先との「常用的使用関係」の有無によって、副業先での社会保険の適用の有無が判断されることとなります。したがって、副業先との間に常用的使用関係があると判断されれば、**5[3]**で触れたように本業と副業とで「二以上事業場勤務者」として取り扱われる可能性がある、ということとなります。

図表2-18 常用的使用関係の判断材料例

①当該法人の事業所に定期的に出勤しているかどうか

②当該法人における職以外に多くの職を兼ねていないかどうか

③当該法人の役員会等に出席しているかどうか

④当該法人の役員への連絡調整または職員に対する指揮監督に従事しているかどうか

⑤当該法人において求めに応じて意見を述べる立場にとどまっていないかどうか

⑥当該法人等より支払いを受ける報酬が、社会通念上労務の内容に相応したものであって実費弁償程度の水準にとどまっていないかどうか

7 │ 副業制度に関する規定・各種様式の設計と運用

　本項では、これまで本文中で登場したポイントをカバーする規定例や、各種様式例を掲載します。

[1] 就業規則

　就業規則において副業制度について記載する際には、副業の承認基準を明示するとともに、安全配慮義務の履行（以下の例では4.が該当）を意識した規定となります。

【規定例 ─ 副業の承認基準等】

（副業・兼業）

第××条　社員が勤務時間外に他の会社等の業務に従事しようとする場合においては、所定の申請書を提出することにより会社の承認を受けなければならない。

2．会社は、前項の承認にあたっては、次の各号に掲げる事項を勘案するものとする。

（1）会社との雇用契約に基づく労務提供における支障の有無

（2）企業秘密漏洩のおそれの有無

（3）競業により会社利益を害するおそれの有無

（4）会社の名誉や信用を損なう行為や、信頼関係を破壊する行為、もしくはそのおそれの有無

3．第1項の承認を経て副業・兼業を行う者にあっては、副業・兼業先での就労状況についての報告を会社から求められた場合には、速やかに応じなければならない。

4．第1項の承認を経て副業・兼業を開始した後、長時間労働等によって労務提供上の支障があると認められた場合、会社は第1項の承認を取り消し、これを禁止または制限することができる。

また、副業の承認プロセスを正しく行わなかった場合の懲戒処分について定める場合の規定例は、以下のようなものとなります。

【規定例 ― 懲戒処分】

（懲戒処分）

第▼▼条　社員が次の各号に定める事由に該当する行為があった場合には、譴責または減給あるいは出勤停止とする。ただし、情状酌量の余地があると認めた場合は訓戒にとどめることがある。

（中略）

（○○）就業規則第××条に定める副業・兼業の定めに反し、副業申請書を提出せず、無断で副業を行っていたとき、または同条の基準により承認されなかったにもかかわらず当該副業を行っていたとき、あるいは虚偽の申告を行ったとき

[2] 副業申請書、合意書

社員が副業を申請する際に提出する申請書の例となります。

【申請書例】

副業・兼業に関する申請書

○○○株式会社（事業所名称）

●● ●● 殿（使用者氏名）

就業規則第××条の規定に基づき、私　■■　■■（注：対象労働者氏名）は、下記のとおり、副業・兼業について届け出ます。

記

1．副業・兼業の形態：☑　雇用　（事業所の名称等を2〜5に記入）

□　非雇用（業務の内容：　　　　　　　　　　　　　　）

2．事業所の名称：株式会社△△△

事業所の住所：東京都◇◇区▲▲町○－○－○

3．2の事業所の事業内容：○○○○

従事する業務内容：○○○○

4．労働契約締結日等：○年○月○日

契約期間：期間の定めなし／期間の定めあり（○年○月○日〜○年○月○日）

5．所定労働時間等：（所定労働日）　月　⑦火　水　木　金　⑦土　日

（所定労働時間）　1日2時間、週4時間

（始業・終業時刻）　19：00〜21：00

（※上記の内容が記入されたカレンダーを別途添付するなどの方法も可。）

所定外労働時間：1日1時間、週2時間、1か月10時間／なし

（見込み）　（※所定外労働時間には上記2の事業所における休日労働の時間も含む。また、見込みとは別に最大の時間数が定まっている場合はそれぞれ括弧で記載する。）

6．誓約事項

☑　上記1〜5の事項に変更があった場合、速やかに届け出ます。また、これらの事項について、会社の求めがあった場合には、改めて届け出ます。

☑　所定の方法により、必要に応じ上記2の事業所での実労働時間を報告するなど、会社の労務管理に必要な情報提供に協力します。

本業の会社と社員との認識に齟齬（そご）がないよう合意書の形を取った例です。

【合意書例】

副業・兼業に関する合意書

　株式会社○○○（以下、「甲」という。）及び　■■　■■（注：対象労働者氏名）（以下、「乙」という。）は、以下の内容について合意します。

1．乙は、以下の内容で副業・兼業を行います。
　（1）副業・兼業の形態：☑ 雇用　　（事業所の名称等は(2)～(5)のとおり）
　　　　　　　　　　　　□ 非雇用（業務の内容：　　　　　　　　　　　　　　）
　（2）副業・兼業を行う事業所の名称：株式会社△△△（以下、「丙」という。）
　　　　副業・兼業を行う事業所の住所：東京都◇◇区▲▲町○－○－○
　（3）丙の事業内容：○○○○
　　　　従事する業務内容：○○○○
　（4）労働契約締結日等：○年○月○日
　　　　契約期間：期間の定めなし／期間の定めあり（○年○月○日～○年○月○日）
　（5）所定労働時間等：（所定労働日）　月 ㊋ 水 木 金 ㊏ 日
　　　　　　　　　　　　（所定労働時間）　1日2時間、週4時間
　　　　　　　　　　　　（始業・終業時刻）　19：00 ～ 21：00
　　　　　　　　　　　　（※別途添付するカレンダー等をもって代える場合はチェック。□）
　　　　所定外労働時間：1日1時間、週2時間、1か月10時間／なし
　　　　　（見込み）　　（※所定外労働時間には丙における休日労働の時間も含む。また、見込みとは別に最大の時間数が定まっている場合はそれぞれ括弧で記載する。）
2．甲は、乙が申請する1の副業・兼業について、就業規則第××条の副業の承認基準を満たしていることを条件にこれを認めます。
3．乙は、1の副業・兼業が就業規則第××条の副業の承認基準を満たしていることを確認しました。また、副業の開始後に、禁止・制限事項に該当するおそれが生じたときは、速やかに甲に報告します。
4．乙は、所定の方法により、必要に応じ丙での実労働時間を報告するなど、甲の労務管理に必要な情報提供に協力します。
5．乙は、1(1)～(5)の事項に変更があった場合、速やかに甲に届け出ます。また、これらの事項について、甲の求めがあった場合には、乙は、改めて届け出ます。
6．乙は、健康保持のため自己管理を行うよう努めます。

7．甲は、乙の心身の不調があれば都度相談を受けること、その他必要に応じて、健康確保措置を実施します。

8．この合意書に基づく取扱いについては、○年○月○日までとします。

　　この期日を超えて1の副業・兼業を行う場合は、乙は、期日の○日前までに、改めて甲に届け出ます。

9．5、8の届出が行われた場合、必要に応じ、甲と乙の間で新たに合意書を交わすものとします。

　本合意書は甲乙の承認のもとで調印し、2部作成の上、それぞれ1部を保有するものとします。

○年○月○日

甲：事業所の名称：株式会社○○○
　　事業所の住所：東京都▽▽区□□町＊－＊－＊
　　使用者職氏名：代表取締役　●●　●●

乙：対象労働者氏名：■■　■■

[3] 管理モデル通知書、合意書

　管理モデルを実施する上での、本業の会社から社員へ通知する文書となります。4.において時間外労働・休日労働の上限に変更があった場合の伝達を記載しています。

【通知書例】

〇年〇月〇日

■■　■■（対象労働者氏名）　殿

副業・兼業に関する労働時間の取扱いについて

　貴殿から届出のあった副業・兼業について、いわゆる管理モデルによる労働時間管理を行うため、以下の点を遵守していただく必要がありますので、ここに通知します。また、貴殿の副業・兼業先の事業所（以下「他社」という。）に対し、この内容を伝達するよう、お願いします。

1．貴殿の当社における1か月間の時間外・休日労働の上限は30時間（A）です。
2．労働基準法第38条第1項の規定に基づき、貴殿に対する労働時間管理を管理モデルに基づいて行うため、他社に①及び②を遵守していただく必要があります。
　①　当社における1か月間の時間外・休日労働の上限（A）に、他社における1か月間の労働時間（所定労働時間及び所定外労働時間）の上限（B）を通算して、時間外・休日労働の上限規制の範囲内とするとともに、上限（B）の範囲内で労働させること
　②　①の上限（B）の範囲内の労働時間について、他社から割増賃金が支払われること
3．当社では、当社における時間外・休日労働の実績に基づき貴殿に割増賃金を支払います。
4．当社における1か月間の時間外・休日労働の上限（A）に変更がある場合は、事前に貴殿に通知しますので、その際は速やかに他社に伝達するようお願いします。
5．この通知に基づく取扱いについては、〇年〇月〇日までとします。その期日を超えて他社において副業・兼業を行う場合は、期日の〇日前までに、改めて届け出てください。

担当：株式会社〇〇〇　人事部人事課　〇〇　〇〇
住所：東京都▽▽区□□町＊-＊-＊

また、以下は通知書の形ではなく、合意書の形を取った例です。

【合意書例】

副業・兼業に関する合意書

　株式会社○○○（以下、「甲」という。）及び■■　■■（注：対象労働者氏名）
（以下、「乙」という。）は、以下の内容について合意します。

1．乙は、以下の内容で副業・兼業を行います。
　(1)　副業・兼業の形態：☑雇用　　（事業所の名称等は(2)～(5)のとおり）
　　　　　　　　　　　　□非雇用（業務の内容：　　　　　　　　　　　　　　）
　(2)　副業・兼業を行う事業所の名称：株式会社△△△（以下「丙」という。）
　　　　副業・兼業を行う事業所の住所：東京都◇◇区▲▲町○－○－○
　(3)　丙の事業内容：○○○○
　　　　従事する業務内容：○○○○
　(4)　労働契約締結日等：○年○月○日
　　　　契約期間：期間の定めなし／期間の定めあり（○年○月○日～○年○月○日）
　(5)　所定労働時間等：（所定労働日）月 ⓗ 水 木 金 ⓣ 日
　　　　　　　　　　　　（所定労働時間）1日2時間、週4時間
　　　　　　　　　　　　（始業・終業時刻）19：00～21：00
　　　　　　　　　　　　（※別途添付するカレンダー等をもって代える場合はチェック。□）
　　　　所定外労働時間：1日1時間、週2時間、1か月10時間／なし
　　　　　（見込み）　　（※所定外労働時間には丙における休日労働の時間も含む。また、見
　　　　　　　　　　　　込みとは別に最大の時間数が定まっている場合はそれぞれ括弧で記載
　　　　　　　　　　　　する。）
2．甲は、乙が申請する1の副業・兼業について、以下の点を遵守して行われる
　　ことを条件に認めます。
　(1)　乙の行う副業・兼業が就業規則第××条の副業の承認基準を満たしている
　　　　こと
　(2)　労働時間管理についてはいわゆる管理モデルを用いるため、乙は丙に対し、
　　　　下記(3)～(6)の条件を十分に伝達し理解を得ること
　(3)　乙の甲における1か月間の時間外・休日労働の上限は30時間（A）である
　　　　こと
　(4)　労働基準法第38条第1項の規定に基づき、乙について、丙が①及び②を遵
　　　　守すること
　　　①　甲における1か月間の時間外・休日労働の上限（A）に、丙における1か

月間の労働時間（所定労働時間及び所定外労働時間）の上限（B）を通算して、時間外・休日労働の上限規制の範囲内とするとともに、上限（B）の範囲内で労働させること。その際、可能な限り法定の上限に近い水準で上限を設定しないこと

 ② ①の上限（B）の範囲内の労働時間について、丙から割増賃金が支払われること

(5) 甲は、甲における時間外・休日労働の実績に基づき、乙に割増賃金を支払うものであること

(6) 甲における1か月間の時間外・休日労働の上限（A）に変更がある場合は、事前に乙に通知し、乙は速やかに丙に伝達すること

3．乙は、1の副業・兼業が就業規則第××条の副業の承認基準を満たしていることを確認しました。また、副業の開始後に、禁止・制限事項に該当するおそれが生じたときは、速やかに甲に報告します。

4．乙は、所定の方法により、必要に応じ丙での実労働時間を報告するなど、甲の労務管理に必要な情報提供に協力します。

5．乙は、1(1)〜(5)の事項に変更があった場合、速やかに甲に届け出ます。また、これらの事項について、甲の求めがあった場合には、乙は、改めて届け出ます。

6．乙は、健康保持のため自己管理を行うよう努めます。

7．甲は、乙の心身の不調があれば都度相談を受けること、副業・兼業の状況も踏まえ必要に応じて健康確保措置を実施します。

8．この合意書に基づく取扱いについては、○年○月○日までとします。

 この期日を超えて1の副業・兼業を行う場合は、乙は、期日の○日前までに、改めて甲に届け出ます。

9．5、8の届出が行われた場合、必要に応じ、甲と乙の間で新たに合意書を交わすものとします。

 本合意書は甲乙の承認のもとで調印し、2部作成の上、それぞれ1部を保有するものとします。

○年○月○日

甲：事業所の名称：株式会社○○○
事業所の住所：東京都▽▽区□□町＊−＊−＊
使用者職氏名：代表取締役　●●　●●

乙：対象労働者氏名：■■　■■

第3章

副業人材を受け入れる場合の労務管理

株式会社パーソル総合研究所　上席主任研究員
小林 祐児

特定社会保険労務士（社会保険労務士法人大野事務所）
今泉 叔徳

副業者の受け入れに関する動向

株式会社パーソル総合研究所　上席主任研究員　小林祐児

[1] 活性化する「副業受け入れ」

　第1章で触れたとおり、現在、自社での「副業解禁」の流れと同時に、企業は副業者の自社への「受け入れ」についても積極化させています。副業が当たり前の働き方として認知されていけば、副業者の活用を始めたり、募集を活性化する企業が増えていくのは当然の流れです。「副業解禁」という意思決定は、副業に対する経営や社内の考え方が変わる契機にもなり、外部副業者の自社活用も進みやすくなります。

　一方で、副業受け入れには副業容認と同様のリスクや実務上の手間もあることや、どんな業務を副業者に依頼すればいいのか分からないなどの理由で、まだまだ消極的な企業も多く存在します。そこで、まずは副業者を活用することの人材マネジメント上の意義から確認していきましょう。

[2] 副業者活用による人材獲得競争の変化

　人手不足・人材不足という課題は、単純に日本の企業課題としてこれからますます重くなってくるというだけではありません。ITを中心とした市場の変化速度が高まる中で、人材確保の柔軟性も同時に追求していかなければいけません。

　この課題に対して、1990年代以降の日本企業は、主にパート・アルバイトや派遣社員といった非正規雇用の人材を増やすことで対応してきました。非正規雇用者は、定型的業務や補助的業務、短期的な業務などのために雇われ、主に女性と定年後の高齢者がその供給源となってきました。低賃金かつ育成の対象としない人材を増やすことで、非正規雇用と正規雇用の間の格差が拡大するという社会問題も生んできました。

　こうした人材確保の柔軟性という課題に対して、副業人材の受け入れは大きな効果を持つことになります **[図表 3-1]**。副業人材の受け入れが当たり前に

図表 3-1 「人材確保の柔軟性」に対する副業の効果

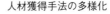

副業のない人材獲得	副業が当たり前の人材獲得
労働移動が個人・企業双方の「リスク」になりがち	人材獲得手法の多様化

・「お試し」なしの労働移動
・繁閑差や一時業務への対応がしにくい
・労働者の前職での知識は「絶たれる」

・雇用リスクが低く、人手不足に対応できる
・副業者の最新の知識やノウハウを学べる
・潜在的転職者としての「お試し」にもなる
・副業マネジメントのノウハウが蓄積できる

なると、これからの企業間の人材獲得競争の質が変わっていくことにつながります。

　今でもわが国で支配的なのは、「転職」による労働移動です。"メインの就業先が一つだけ"という労働者がほとんどである中では、人材確保の柔軟性を高めるには限界があります。労働者にとっても転職には転職後の「こんなはずじゃなかった」というリアリティー・ショックのリスクがつきものです。スキルの面でも、今の会社で得ている知識や経験の蓄積は転職後には絶たれます。

　しかし、副業が当たり前になると、企業は雇用リスクを高めずに人手不足に対応できるようになり、人材ポートフォリオの柔軟性確保につながります。また、潜在的転職者としての双方の「お試し」の機会にもなります。

　また、外からの人材の客観的な視点が入ることは、自社のビジネスや人材にとっての成長の機会としても期待できます。オープンイノベーションによる新規事業開発や新商品開発が注目を集めていますが、副業受け入れは、そうした外部人材へのアクセス方法の一つとして、新規アイデアやイノベーションを生む思考を媒介することも期待できます。

また、コロナ禍で拡大したテレワークによって、各企業においてテレワークを前提とした採用を始めたことも、副業受け入れと相性の良い現象です。都市部の大手企業、IT業界など今後もテレワークを定着させることに成功した企業は、テレワークを前提とすることで、全国規模で副業者を募集することができます。

[3] データから見る副業者受け入れの実態

では、実際には副業者の受け入れはどの程度広がっているのでしょうか。パーソル総合研究所が2021年に人事・経営層と就業者に対して実施した「第二回　副業の実態・意識に関する定量調査」より確認していきます。

調査時点で副業者（他社で雇用されている人材）の受け入れを行っている企業は23.9％でした [**図表3-2**]。また、調査時点では受け入れていないが、受け入れ意向がある企業23.9％と合計すると47.8％であり、おそらくこれからも受け入れ企業は広がっていくことが予想できます。

図表 3-2 副業者（他社で雇用されている人材）の受け入れ状況

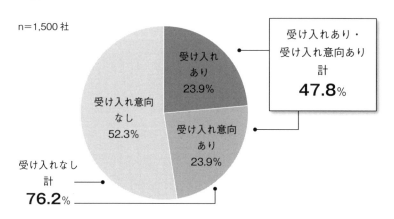

資料出所：パーソル総合研究所「第二回　副業の実態・意識に関する定量調査」
（2021年、以下 [**図表3-3～3-5**] も同じ）

副業者の受け入れ理由を企業に尋ねたデータを見れば、先ほど述べたとおり、主に人材確保の柔軟性に関連する回答が並んでいます [**図表3-3**]。中でも「多様な人材確保が可能だから」（26.4%）、「高度なスキルを持った人材確保が可能だから」（22.6%）、「迅速に人材確保が可能だから」（19.7%）が上位に来ています。

　なお、既に受け入れている、あるいは受け入れを検討している副業者（他社で雇用されている人材）の職種で最も多いのは「営業」で19.6%です。次いで「ITエンジニア」（15.6%）、「情報システム関連」（13.7%）が続きます。営業職や、不足しがちなIT関連職種が上位に挙がっているのが分かります。

　コロナ禍後、企業の経営課題としてDX（デジタル・トランスフォーメーション）の流れが不可逆的なものになりました。しかし、DXを模索するために必

図表3-3 副業者（他社で雇用されている人材）の受け入れ理由（複数回答）

副業受け入れ企業・受け入れ意向企業　n=716社

受け入れ理由	（%）
多様な人材確保が可能だから	26.4
高度なスキルを持った人材確保が可能だから	22.6
迅速に人材確保が可能だから	19.7
新たな知識・経営資源の獲得が可能だから	18.0
正社員で採用困難な希少スキルを保有した人材確保が可能だから	15.4
コストメリットがあるから	15.2
正社員で採用するよりも、優秀な人材の確保が容易だから	14.8
周りの従業員に良い刺激になるから	13.7
社外の人脈拡大が可能だから	13.5
プロジェクトやタスク単位で必要な人材確保が可能だから	12.2
新規事業立ち上げ／推進のため	10.3
オープンイノベーションの促進のため	9.6
企業イメージの向上のため	8.8
居住地を問わず、人材確保が可能だから	7.4

要なデジタル人材は慢性的に不足しています。日本の教育は、市場のニーズに応じられるほどのデジタルスキルを持った人材を十分に輩出できているとはいえません。そうしたデジタル人材を、"スポット的でもいいから副業者として受け入れたい"というニーズはこれからますます強くなってくるでしょう。

[4] 副業者「採用」の実態

　副業者の受け入れが一般的になりつつある中で、これから副業者を数多く採用していきたいという企業は多いはずです。それと同時に、優秀な人材は取り合いになっていきます。副業者の時間当たり賃金は、現在はそれほど高くありませんが、希少な高スキル人材ほど市場価値が上がり、安過ぎる副業募集には、人が集まらなくなっていく傾向は顕著になっていきます。このような「副業人材獲得競争」はもう既に現実化しています。

　では、今の企業は、どこから副業者を採用しているのでしょうか。先ほどの調査データを確認すると、副業者の採用経路として「知人・社員からの紹介」が最も多く、39.9％の回答が集まりました［**図表 3-4**］。次いで「元社員」を

図表 3-4　副業者（他社で雇用されている人材）の採用経路（複数回答）

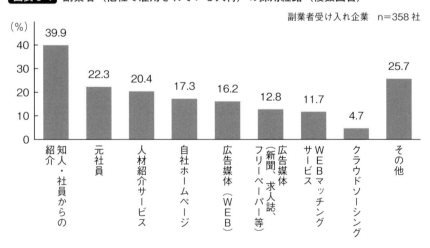

副業者として採用するケースが22.3%、「人材紹介サービス」を通じた採用が20.4%と続きました。この傾向を見ると、多くの副業は属人的な「口コミ」で広がっていることが分かります。インターネット上の副業マッチングのプラットフォームは近年成長を遂げていますが、まだまだこうした人づての紹介による副業者採用が多いようです。

これらのことに関連して注目したいのが「リファラル採用」と「コーポレート・アルムナイ」の活性化という、近年の趨勢(すうせい)です。

リファラル採用とは、社内の従業員が有している人脈を介した採用を戦略的に実施する手法のことです。既存社員から紹介された人材は、入社後の離職率が低く、業務にもスムーズに慣れていくことができます。今ではリファラル採用のための各種ツールも提供されており、こうしたツールは副業者の紹介に当たっても応用的に利用していくことが可能でしょう。

2点目のコーポレート・アルムナイとは、企業同窓生のことを指す言葉です。離職した元従業員との関係を断ち切ってしまわず、継続的に良好な関係を築こうとする企業が増えてきています。そうした動きの中で、転職後も副業として元いた企業の業務に関わり続けるという例が増えてきています。コーポレート・アルムナイの活性化を志向する企業は、離職していく従業員を任意でアルムナイ・コミュニティーやコミュニティーを管理するシステムに登録し、イベントを主宰したり求人のメールマガジンを配信したりすることで、もう一度協働する機会を失わないようにしています。

これらの手法を活用できれば、求人広告費や紹介費を抑え、人材獲得費を安価に抑えることも可能です。自社にいる人材からの紹介や、自社を辞めた人材をいかに潜在的な副業人材としてつなぎ留めておけるかは、労働力不足時代の副業者受け入れで重要さを増してくるでしょう。

[5] 副業者受け入れのリスクと、日本の副業マネジメントの課題

さて、副業者を受け入れるに当たっては、労務管理や情報流出といったリスクもあります。企業が認識している副業者の受け入れ課題・問題は、「労務管

図表 3-5 副業者（他社で雇用されている人材）を受け入れる上での課題・問題（複数回答）

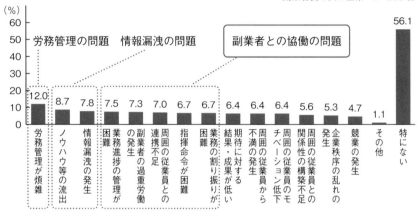

副業者受け入れ企業　n=358社

理が煩雑」が12.0％で最多でした［**図表3-5**］。次いで「ノウハウ等の流出」が8.7％、「情報漏洩（ろうえい）の発生」が7.8％と続きます。

　副業解禁の実務と同様に、こうしたリスクは十分にケアしなくてはいけません。特に、労働時間管理の問題や競合他社への情報流出防止の措置は、当然ながら必要です。その一方で、副業者の受け入れ課題・問題は「特にない」という回答は56.1％に上り、半数以上の企業が、副業者の受け入れに当たって特に問題を感じていないということも現実です。

　また、各種ルールや契約の整備だけではなかなか解決しないのが、［**図表3-5**］のデータでも上位に入っていた「業務進捗（しんちょく）の管理が困難」（7.5％）、「副業者の過重労働の発生」（7.3％）、「周囲の従業員との連携不足」（7.0％）などの、副業者との協働の問題です。副業者を受け入れるに当たっても、継続的に業務を依頼するに当たっても、「仕事の切り出し」が必要になります。協働不全の問題は、この点に関する受け入れ現場の認識不足から発生していくケースがほとんどです。

　しかし、まさにこの副業を依頼するための「仕事の切り出し」こそ、日本企

業が伝統的に苦手としてきたことです。そしてそのことは、副業者受け入れ時のマネジメントの課題にも直結します。このことについて構造的に考えていきましょう。

◇

　日本は、多くの企業で職務記述書の整備もされておらず、就業者の分業意識も弱い国です。一方で業務レベルでは、メンバー間の仕事の相互依存性が高いことがよく知られています。欧米の伝統的な組織構造と比較すれば、束としての仕事を「チーム」で分け合うように調整しながら働いているといえます。

　雇用の流動性が低い日本では、人材の外部硬直性が高くなる一方で、このような組織内のジョブアサインの柔軟性は高いのが特徴です。このことは業務の調整や変更を容易にし、急な変更にもフレキシブルに対応できるという業務遂行上のメリットも生んでいます。人の適性や成長度合い、そのときの状況に応じて業務を振り分けることは、国際的にはもっとハードルが高いものです。

　しかしこの特徴は、業務を「切り出す」のを苦手とすることにつながります。水に一度絵の具を混ぜると、もうその色を取り出すことができないように、分業意識が低いメンバーの間では、「混ざった」状態の業務を切り出すことが難しい状態になります。このことは、「結局社内でやったほうが早い」と、自前主義へ固執することにつながっていきます。副業者受け入れには、社内で融合的に行われている業務の中から、「どれを副業者に頼めるか」という棚卸しと整理をする作業が必要になります。

　こうした日本の働き方の特徴は、副業者の「受け入れ後」にも影響していきます。例えば、業務を開始した後の副業者に対しても柔軟な仕事の執行を求めるということが起こりがちです。フレキシブルに業務調整できる内部の人材と同じように、副業者にも仕事を頼み続けたり、急な変更を求めたりすることがよく見られます。これが先ほど見たような「協働」の難しさや、業務委託後のトラブル、過重労働リスクへとつながっていきます。「内部」の仕事のやり方・調整の仕方を「外部」にも押し付けてしまうのです。

　こうしたことを避けるため、受け入れ企業は副業者を活用する目的を都度明

確化する必要がありますし、副業者のマネジメントを現場任せにせず、企業全体で定期的にチェックしていくことが望ましいでしょう。自社を本業とする副業者については定期的な面談を行う企業もありますが、自社への受け入れについても、懸念すべき事項が起こっていないかどうか、「副業者」「現場」「人事・総務部」の三者でバランスよく状況確認のコミュニケーションを取るべきです。

　とりわけ副業者の受け入れに慣れていない企業では、委託業務として「何をしてもらうか」を明確化すると同時に、「何を依頼しないのか」を線引きする意識を、現場と十分コミュニケートして持たせておく必要があります。それを怠れば、報酬の支払い遅延や発注取り消しなどのような独占禁止法における「優越的地位の濫用」や、下請法上で問題となるようなリスクが生じることがあります。副業者への依頼事項を現場に任せて放置すると、副業者側も断り切れず、上記のようなリスクが自然発生的に起こってきやすいのが、日本の組織です。

[6] 副業者を通じて学ぶ組織になるために

　前項[5]で紹介したような、日本の特色である相互依存性の強い働き方は、"企業内の仲間意識"や"公私を超えたメンバー間のつながり"といったネットワークの強固さとひもづいています。「メンバーシップ型雇用」という言葉も一般に広がったように、日本企業の各組織は、単なる経済合理的な集団という以上に、疑似共同体的に機能しています。地縁、血縁、宗教縁といった社会関係資本の源泉がことごとく希薄になっていった戦後日本では、こうした「社縁」は社会的にも大きな役割を果たしてきました。そのことは、世界と比較したときの社内結婚の多さなどにも端的に表れています。

　しかし、そういった疑似共同体的な意識の裏側には、中途採用者や転職していった離職者などを「よそ者」として扱う、排他的な意識が貼り付いています。転職してきた人には「お手並み拝見」のようなスタンスを取りがちで、サポートの薄さが顕著に表れますし、離職者は「裏切り者」として扱われがちです。

副業者の受け入れは、本章の冒頭で述べたような人材獲得のフレキシビリティー確保以外にも、こうした排他的な組織に「外部からの風を入れる」という社内の意識変革の一端として位置づけることができます。

　副業という組織横断的な働き方には、「越境学習」の効果があるということも**第1章**で伝えました。これからの副業マネジメントのノウハウには、こうした越境的な「よそ者」といかにうまく協働し、いかに学べるかという点は外せません。経済学者のヨーゼフ・シュンペーターがイノベーションを「新結合」と規定したように、副業者という外部との結合によって社内で新しいビジネスやアイデアが創発されるチャンスは多くあります。

　筆者が知っている中でも、地方銀行が都心のメガベンチャーに勤める副業者を雇ったことで、自社 SNS の運営やデジタル・マーケティングについての新しい活動を開始させたり、新たに副業者を受け入れることで刺激を受け、「自分も副業を始めたい」と既存人材のキャリア意識に変化が起こったりという事例があります。

　過剰な業務の押し付けや業務委託者としての越権行為を防止しながら、こうした外部からの刺激をうまく既存の従業員と相互作用させていくことが、副業者を通じて学ぶ組織になるためには必要です。副業人材の受け入れとは、単なる「ヘッドカウントの確保」ではなく、戦略的な人材マネジメントの一つとして位置づけられるべきものです。

[1] 副業人材を受け入れるに当たっての留意点

　他の業界・会社で活躍している副業人材を活用することにより、「多様な人材を確保できる」「副業人材を受け入れることにより、これまでなかった経験・知識の獲得や、人手不足の解消につながる」といったメリットがあることから、副業人材を積極的に受け入れたいと考える会社もあるかもしれません。

　副業人材を受け入れるに当たって、まず留意すべきなのは、そもそも本業先の承認を受けているか確認する、ということでしょう。本業先には無断で応募してきたとなると、適正な労務管理に支障が生じるおそれがあるだけでなく、本業先との関係性にも悪影響を及ぼしかねません。加えて、自社での業務が競業禁止に該当しないか、秘密保持が図られるか、といったことは「自社を守る」という観点からも重要なことといえます。

　これらについては、誓約書を提出させることで秘密保持等を担保することが考えられます。

　次ページの誓約書例では、秘密保持の誓約のほか、本業先において副業の承認を得ていること、労働時間の適正な申告をすることを義務づける内容としています。

　ところで、これまで見てきたように、副業が絡む労務管理は複雑なものが存在するのも事実です。そのようなことから、例えばパート社員を受け入れたい場合に、労働時間の通算管理や割増賃金の支払いを避けるため、他社で勤務していないことを条件とすることはできるでしょうか。

　確かに、会社には採用の自由がありますので、「いかなる条件でこれを雇うかについて、法律その他による特別の制限がない限り、原則として自由にこれを決定することができる」（三菱樹脂事件　最高裁大法廷　昭48.12.12判決）ということとなります。しかしながら、厚生労働省による「公正な採用選考の基本」における「採用選考の基本的な考え方」として、「応募者の適性・能力

【誓約書例】

株式会社　〇〇〇〇
代表取締役　〇〇〇〇　様

誓約書

貴社に入社するにあたり、以下の事項を誓約いたします。

1．貴社の業務に従事するにあたり、貴社就業規則その他諸規程及び上長の指揮命令を守り、誠実勤勉に服務いたします。

2．履歴書、職務経歴書等の応募書類または入社時提出書類の記載事項に虚偽の記載があったときは、採用を取り消され、あるいは雇用契約を解消されても異議を述べません。

3．貴社の業務に従事することについては、予め本業先の承認を得ていることに相違ありません。

4．本業先で業務に従事した労働時間については、所定の手続きに則り決められた期日までに適正な時間数を申告いたします。

5．常に健康を維持できるよう、体の自己管理に気を配り、健康に異常がみられ、貴社の業務に支障をきたすおそれがある場合は、速やかに申し出ます。

6．違法行為や反社会的行為に関わらないよう、基本的な法律知識、社会常識と正義感を持ち、常に良識ある行動に努めます。また、反社会的勢力には毅然として対応し、一切関係を持ちません。

7．貴社の営業秘密、技術等の業務上の事項、発明考案、著作物、意匠等の知的財産に関する事項、個人情報等（以下「機密事項等」という）について、貴社の許可なく、いかなる方法をもってしても、開示、漏洩もしくは使用しないことを確約いたします。

8．機密事項等については、在職中はもとより、貴社を退職した後においても、開示、漏洩もしくは使用しないことを確約いたします。

9．故意または重大な過失により、または上記各事項に違反し、貴社へ損害を与えた場合は、損害に相当する賠償を行います。

以　上

〇〇〇〇年　〇月　〇日

氏　名　△△　△△

とは関係ない事柄で採否を決定しない」という内容がありますので、応募して
きた者に対する面接を実施するに際して、副業をしていないかどうかをあから
さまに質問するような対応は、会社の評判にも関わるおそれがあるため避ける
べきでしょう。つまり、このような制限を課すこと自体は法令に抵触するもの
ではないと解されますが、トラブル防止の観点から**募集の段階で「副業してい
ないこと」を条件とすることをはっきりと明示する**などして、応募者に誤解さ
せないように対処するべきものと考えます。

　また、受け入れの契約形態が非雇用である場合も当然想定されます。

　例えば業務委託契約で受け入れた場合、留意しなければならないのは、自社
と受け入れた人材との間で指揮命令関係が発生しているか否か、ということで
す。というのは、労働者性に関しては、**第2章　6[1]**で述べた判断基準（[図
表2-17]参照）を総合的に考慮し、業務に従事している実態に基づいて判断
されるところとなるからです。つまり、書面上は業務委託契約書を締結してい
たとしても、その実態が指揮命令下にあり、使用従属性が認められると評価さ
れるような場合には、労働契約に基づく雇用であるとして取り扱われることと
なりますので、どのように業務に従事させているかが重要な判断要素になりま
す。以下の裁判例はこれに関するリーディングケースともいえるべきもので
す。

関連裁判例 ― 横浜南労基署長（旭紙業）事件（最高裁一小　平8.11.28判決）

《事案の概要》

　自己の所有するトラックを持ち込み、A社の運送係の指示に従い、A社
の製品の運送業務に従事していた運転手であったXが、B工場の倉庫内
で運送品をトラックに積み込む作業中に転倒し負傷したため、同事故によ
る療養と休業について、労災保険法所定の療養補償給付等をY労基署長
に請求したところ、Y労基署長が不支給処分としたため、Xが同処分の取
り消しを求めた事案。

《判決要旨》

「A社は、運送という業務の性質上当然に必要とされる運送物品、運送先及び納入時刻の指示をしていた以外には、Xの業務の遂行に関し、特段の指揮監督を行っていたとはいえず、時間的、場所的な拘束の程度も、一般の従業員と比較してはるかに緩やかであり、XがA社の指揮監督の下で労務を提供していたと評価するには足りないものといわざるを得ない。そして、報酬の支払方法、公租公課の負担等についてみても、Xが労働基準法上の労働者に該当すると解するのを相当とする事情はない。そうであれば、Xは、専属的にA社の製品の運送業務に携わっており、同社の運送係の指示を拒否する自由はなかったこと、毎日の始業時刻及び終業時刻は、右運送係の指示内容のいかんによって事実上決定されることになること、右運賃表に定められた運賃は、トラック協会が定める運賃表による運送料よりも1割5分低い額とされていたことなど原審が適法に確定したその余の事実関係を考慮しても、Xは、労働基準法上の労働者ということはできず、労働者災害補償保険法上の労働者にも該当しない」

本件は、Xが①仕事の依頼、業務の指示等に対する諾否の自由の有無、②業務の内容および遂行方法に対する指揮命令の有無、について一般の従業員と同程度の拘束を受けていないという実態を重視した結果、労働者性が否定されたものです。もちろん、車両持ち込み運転手のすべてが労働者性を否定されたものではありませんので、その点は留意しなければなりません。労働者性の有無は、あくまで実態を総合的に見て判断されることになる点は、これまでも繰り返し述べてきたとおりとなります。

結果として、形式的には非雇用の契約を締結していたとしても雇用と認められたとするならば、副業先の会社としては次に述べるような労務管理を行う必要が生じます。

[2] 労働時間管理、休日・休暇・休業

(1) 労働時間管理

受け入れ形態が雇用である場合、所定労働時間の通算については、自社の社員が副業を申請・開始したときのちょうど逆のパターンとして捉えることとなります。すなわち、所定労働時間については、労働契約の締結が先となる「他社（本業先）」→労働契約の締結が後になる「自社」という順番で通算します[図表 3-6]。一方、所定外労働時間については、発生順で通算することになります[図表 3-7]。

また、他社（本業先）の労働時間の把握に関しては、やはり副業者本人からの申告等によることとなります。

以上の手順にのっとり、副業先である自社としては他社（本業先）の労働時間を把握した上で通算管理を行い、時間外労働が発生すれば、法令や自社の就業規則等に従って割増賃金を支払う、ということとなります。

図表 3-6 所定労働時間の通算（再掲）

(例1) **企業A**：時間的に**先に**労働契約を締結、所定労働時間1日5時間（7:00〜12:00）
企業B：時間的に**後に**労働契約を締結、所定労働時間1日4時間（14:00〜18:00）

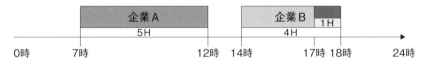

→**企業B**に、法定時間外労働が1時間発生。（5時間＋4時間−8時間＝1時間）

(例2) **企業A**：時間的に**先に**労働契約を締結、所定労働時間1日5時間（14:00〜19:00）
企業B：時間的に**後に**労働契約を締結、所定労働時間1日4時間（8:00〜12:00）

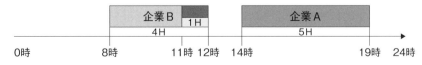

→**企業B**に、法定時間外労働が1時間発生。（5時間＋4時間−8時間＝1時間）

資料出所：厚生労働省「副業・兼業の促進に関するガイドライン　わかりやすい解説」を一部改変

（例1）**企業A**：時間的に**先に**労働契約を締結
・所定労働時間　1日3時間（7:00 〜 10:00）…①
・当日発生した所定外労働2時間（10:00 〜 12:00）…③
　　　企業B：時間的に**後に**労働契約を締結
・所定労働時間　1日3時間（15:00 〜 18:00）…②
・当日発生した所定外労働1時間（18:00 〜 19:00）…④

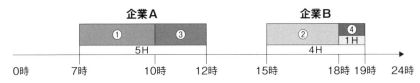

→①＋②＋③で法定労働時間に達するので、**企業B**で行う1時間の所定外労働時間（18:00 〜 19:00）は法定時間外労働となり、**企業B**における36協定で定めるところにより行う。
企業Bはその1時間について割増賃金を支払う必要がある。

（例2）**企業A**：時間的に**先に**労働契約を締結
・所定労働時間　1日3時間（14:00 〜 17:00）…①
・当日発生した所定外労働2時間（17:00 〜 19:00）…④
　　　企業B：時間的に**後に**労働契約を締結
・所定労働時間　1日3時間（7:00 〜 10:00）…②
・当日発生した所定外労働1時間（10:00 〜 11:00）…③

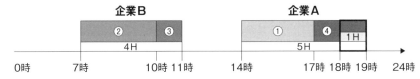

→①＋②＋③＋（④のうち1時間）で法定労働時間に達するので、**企業A**で行う1時間の所定外労働時間（18:00 〜 19:00）は法定時間外労働となり、**企業A**における36協定で定めるところにより行う。
企業Aはその1時間について割増賃金を支払う必要がある。

資料出所：厚生労働省「副業・兼業の促進に関するガイドライン　わかりやすい解説」を一部改変

(2) 管理モデルの申し入れがあった場合

　簡便な労働時間管理方法として提唱されている「管理モデル」（**第2章　2 [3]**参照）ですが、これを導入するには、本業の会社、社員本人、副業先の会社の三者間の合意によることが必要とされます。ただ、きっかけは本業の会社からの申し入れによることが通常となるでしょう。そのため、副業先である自社としては、本業先から管理モデルの導入依頼があった場合については、これに応じ、合意すべきか否かの判断を求められることとなります。

　管理モデルの導入を受け入れるかどうかに関しては、自社のメリットを考慮し決定すべきですが、注意すべき点は、前述のとおり<u>自社での労働時間がすべて割増賃金の対象</u>となる、ということでしょう。一見すると副業先である自社にとっては大きなデメリットに感じられそうであり、これを受け入れるのは一定のハードルや躊躇（ちゅうちょ）があるかもしれません。しかしながら、定期的に労働時間を申告する負担を軽減できることなど、それを補って余りあるメリットが存在する場合もあるかと思われます。

　そのため、多様な人材の確保、新たな経験・知識の獲得、人手不足の解消といった、副業人材を受け入れる目的と照らし合わせて、管理モデルによる時間管理を受け入れるか否かを判断すべきです。

(3) 休日・休暇・休業（休職）

　休日・休暇・休業（休職）に関しては、受け入れの契約形態が雇用であったとしても、本業先とは通算されませんので、自社において管理すれば足りることとなります。ただ、本業先において休業中（休職中）であるのか否か、休業中（休職中）であれば、それがいかなる事由に基づく休業（休職）なのかは、確認してもよい事項と思われます。休業（休職）の理由によっては、会社として何らかの配慮が必要になるかもしれないケースも想定できるからです。また、自社での業務が、本業で休業（休職）している趣旨に支障を来す可能性もあるため、実際に労働契約を締結する前に事情を把握しておいたほうがトラブル防止の観点からも有効と思われます。

[3] 健康管理・安全配慮義務の履行

　安全配慮義務の履行は副業先においても求められることは、**第2章　4**で述べたとおりです。特に副業は、本業先における所定労働時間外に行うことが多くなりますので、業務量や労働時間が過重なものになる危険性があり、健康管理・安全配慮に留意する必要があります。ついては、本業先での業務全体の量や労働時間について確認するとともに、健康状態に問題が見られる場合には、本業先とコミュニケーションできるような体制を取っておくとよいでしょう。

　もちろん、社員本人に自己管理を求めることも大事です。これに関しては、厚生労働省が開発した「**マルチジョブ健康管理ツール**」というアプリケーションがあり、厚生労働省のホームページからこれを入手することができます（https://www.mhlw.go.jp/stf/seisakunitsuite/bunya/0000192188.html）。社員本人が、本業および副業の労働時間や健康状態を管理できるようにすることを目的としたものであり、会社による管理と併せて使用してみるのも効果的ではないかと思われます。

[4] 労働保険・社会保険の適用
(1) 労働保険（労災保険・雇用保険）

　自社での受け入れが雇用である場合、労災保険が適用されますが、給付基礎日額については本業先と自社との賃金を合算して算定され、負荷の総合的評価についても本業先と自社との総合考慮にて行われることとなります。なお、この場合においても労災保険料の計算については、自社で支払った賃金に基づいて計算することで足ります。

　一方、雇用保険に関しては、①1週間の所定労働時間が20時間以上である者、②継続して31日以上雇用されることが見込まれる者という資格取得要件を満たし、自社での賃金が「生計を維持するに必要な主たる賃金」であったときには、自社で雇用保険の被保険者資格を取得することとなり、保険料も徴収することとなります。ただし、本業の会社に雇用されている副業者を受け入れる場合は、これに当てはまるケースは少ないでしょう。

なお、65歳以上の社員が「雇用保険マルチジョブホルダー制度」（**第2章5[2]** 参照）によりマルチ高年齢被保険者としての適用を希望する場合には、必要書類を調製し本人に交付することとなります。

(2) 社会保険（厚生年金保険・健康保険）

　社会保険についても、社員から副業の申請があった場合と同様となります。すなわち、それぞれの事業所で被保険者要件（**第2章　5[3]** 参照）を満たす場合には、「健康保険・厚生年金保険 被保険者所属選択・二以上事業所勤務届」の提出により、管轄年金事務所および健康保険組合等の医療保険者を選択し、各事業所の報酬月額を合算して標準報酬月額を算定する、という取り扱いとなります。

第4章

Q&Aで押さえる
副業の実務

弁護士・ニューヨーク州弁護士（多湖・岩田・田村法律事務所）
田村 裕一郎

弁護士（多湖・岩田・田村法律事務所）
井上 紗和子

1 │ 制度適用上のルール関係

Q 1 これまで就業規則で副業を禁止してきましたが、社員から副業の許可を求める申し出があった場合は、特別な理由がない限りはこれを認めた上で、直ちに就業規則も見直さなければならないのでしょうか

A 就業規則で副業を禁止している場合は見直すべきです。ただし、実務上可能な範囲でできるだけ早く見直しを行うという対応であっても、やむを得ない面もあると考えます

[1] 副業の禁止の可否

　労働者が労働時間以外の時間をどのように利用するかについては、基本的には労働者の自由であるため、副業を制限することは原則としてできません。裁判例でも、「労働者は、雇用契約の締結によって一日のうち一定の限られた勤務時間のみ使用者に対して労務提供の義務を負担し、その義務の履行過程においては使用者の支配に服するが、雇用契約及びこれに基づく労務の提供を離れて使用者の一般的な支配に服するものではない。労働者は、勤務時間以外の時間については、事業場の外で自由に利用することができるのであり、使用者は、労働者が他の会社で就労（兼業）するために当該時間を利用することを、原則として許され（ママ）なければならない」とされています（マンナ運輸事件　京都地裁　平24. 7.13判決）。

　他方で、副業により、以下のケースについては、例外的に副業を禁止・制限することができることとされています（「副業・兼業の促進に関するガイドライン」平成30年1月策定、令和4年7月改定。以下、ガイドライン）。

①労務提供上の支障がある場合
②業務上の秘密が漏洩する場合

③競業により自社の利益が害される場合

④自社の名誉や信用を損なう行為や信頼関係を破壊する行為がある場合

上記裁判例でも、「労働者が兼業することによって、労働者の使用者に対する労務の提供が不能又は不完全になるような事態が生じたり、使用者の企業秘密が漏洩するなど経営秩序を乱す事態が生じることもあり得るから、このような場合においてのみ、例外的に就業規則をもって兼業を禁止することが許されるものと解するのが相当である」とされています。そのため、上記①～④などの事由があれば、副業を禁止・制限することができますが、これらの事由がなければ、原則どおり、副業を禁止・制限することはできないこととなります。

[2] モデル就業規則の見直し

以前は、厚生労働省のモデル就業規則では、「許可なく他の会社等の業務に従事しないこと」が遵守事項とされ、これに違反した場合が懲戒事由として挙げられていたため、原則として副業が禁止であるような記載となっていました。このモデル就業規則を参考にする形で、就業規則で副業を禁止してきた会社は多かったといえるでしょう。

しかし、このモデル就業規則は、いわゆる働き方改革や前記の裁判例を踏まえ、平成30年1月以降、「労働者は、勤務時間外において、他の会社等の業務に従事することができる」など、原則として副業が自由であることを前提とした規定に改められています [図表4-1]。

[3] 就業規則の見直しの時期

このような裁判例の状況、モデル就業規則の見直し等を踏まえ、会社としても、就業規則で副業を禁止している場合は、これを見直すべきであるといえます。

もっとも、❶就業規則にて規定上は原則禁止となっている場合であっても、個別事案において原則認める形での判断を行えば足りる部分もあること、❷副

モデル就業規則における副業・兼業の定め

> **（副業・兼業）**
> **第 70 条** 労働者は、勤務時間外において、他の会社等の業務に従事することができる。
> 2 　会社は、労働者からの前項の業務に従事する旨の届出に基づき、当該労働者が当該業務に従事することにより次の各号のいずれかに該当する場合には、これを禁止又は制限することができる。
> ①労務提供上の支障がある場合
> ②企業秘密が漏洩する場合
> ③会社の名誉や信用を損なう行為や、信頼関係を破壊する行為がある場合
> ④競業により、企業の利益を害する場合

資料出所：厚生労働省「モデル就業規則」（令和 4 年 11 月版）

業禁止について、懲戒処分や解雇を行わない限りは事実上紛争となる可能性は低いこと等を踏まえると、直ちに見直しを行うべきであるものの、実務上可能な範囲でできるだけ早く見直しを行うという対応であっても、過渡期である現段階においては、やむを得ない面もあると考えます。

Q 2 他社で雇用されている社員を雇用契約、業務委託契約で受け入れる際には、どのような点に留意すべきでしょうか

A 雇用契約で受け入れる場合は、労基法や安衛法上の労働者に該当し、企業は労働時間管理や健康管理の義務を負います。業務委託契約で受け入れる場合は、これらの義務は課せられませんが、実質的に雇用契約といえる場合もあるため注意が必要です。なお、業務委託契約の場合、特定受託事業者に係る取引の適正化等に関する法律（以下、フリーランス法）が適用される可能性が高いため、フリーランス法の施行時期と内容にも留意すべきです

［1］ 前提

他社で雇用されている社員を受け入れる際の留意点は、雇用契約にて受け入れるか（雇用×雇用）、業務委託契約にて受け入れるか（雇用×非雇用）によって異なります。

雇用契約にて受け入れる場合は、❶労働時間管理、❷健康管理、❸企業秘密等の流入・流出、❹労災・雇用・社会保険の適用等に留意する必要があります。また、業務委託契約にて受け入れる場合に特に留意すべきなのは、❷健康管理、❸企業秘密等の流入・流出、❺フリーランス法の施行時期と遵守等です。

なお、いずれの場合であっても、受け入れ企業としては、あらかじめ雇用されている他社の就業規則上副業が可能であることを、副業者を通じて確認しておくべきです。

［2］ 雇用契約にて受け入れる場合（雇用×雇用）

（1）労働時間管理

労基法 38 条 1 項では、「労働時間は、事業場を異にする場合においても、労働時間に関する規定の適用については通算する」と規定されています ［図表 4-2 ～ 4-4］。また、通達において、この「事業場を異にする場合」とは、事業主を異にする場合をも含むとされています（昭 23. 5.14　基発 769）。そのため、複数の会社で勤務する労働者の労働時間は、管理監督者の場合や監視・断続的労働を行わせる場合等、労働時間規制が適用されない場合を除き、通算することになります（令 2. 9. 1　基発 0901 第 3）。

他社（本業先）で雇用されている社員を自社（副業先）で雇用契約にて受け入れる場合、ガイドラインにて通算がなされることとされている、①法定労働時間の規制（労基法 32 条）、②時間外労働に関する規制——のうち、時間外労働と休日労働の合計で単月 100 時間未満、複数月平均 80 時間以内との規制（労基法 36 条 6 項 2 号・3 号）について、労働時間の通算により違反することのないよう留意する必要があります ［図表 4-5］。

図表 4-2 所定労働時間の通算（原則的な労働時間の管理方法）

> 自社の所定労働時間と他社における所定労働時間を通算した結果、自社の労働時間制度における法定労働時間を超える部分がある場合は、その超えた部分が時間外労働となり、時間的に後から労働契約を締結した企業が自社の 36 協定で定めるところによってその時間外労働を行わせることになる。

（例1）**企業A**：時間的に**先に**労働契約を締結、所定労働時間 1 日 5 時間（7:00 ～ 12:00）
　　　　企業B：時間的に**後に**労働契約を締結、所定労働時間 1 日 4 時間（14:00 ～ 18:00）

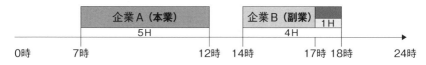

→**企業B**に、法定時間外労働が 1 時間発生。（5 時間＋4 時間－8 時間＝1 時間）

（例2）**企業A**：時間的に**先に**労働契約を締結、所定労働時間 1 日 5 時間（14:00 ～ 19:00）
　　　　企業B：時間的に**後に**労働契約を締結、所定労働時間 1 日 4 時間（8:00 ～ 12:00）

→**企業B**に、法定時間外労働が 1 時間発生。（5 時間＋4 時間－8 時間＝1 時間）

資料出所：厚生労働省「副業・兼業の促進に関するガイドライン　わかりやすい解説」を一部改変
　　　　　（［図表 4-3、4-4］も同じ）

（2）健康管理

　本業先と副業先の両社において雇用契約を締結した場合でも、健康診断（安衛法 66 条 1 項）、医師による面接指導等（安衛法 66 条の 8 等）、ストレスチェック（安衛法 66 条の 10）等の安衛法による健康確保措置の実施対象者の選定に当たって、両社の労働時間を通算する必要はありません。

　もっとも、安衛法による健康確保措置を行う義務がないとしても、労働者が副業を行っている場合には、長時間労働になるリスク等が高まります。そのため、安全配慮義務違反リスクをできる限り小さくする観点から、他社で雇用されている労働者を雇用契約にて受け入れる場合、その労働者が心身の健康を損

❶所定労働時間の通算は、労働契約締結の先後の順に通算する。一方、所定外労働時間の通算は、当該所定外労働が行われる順に通算する。

❷通算した結果、自社の労働時間制度における法定労働時間を超える部分がある場合は、その超えた部分が時間外労働となり、そのうち自ら労働させた時間について、自社の36協定の延長時間の範囲内とする必要があるとともに、割増賃金を支払う必要がある。

（例1）**企業A**：時間的に**先に**労働契約を締結
　　　　　　・所定労働時間　1日3時間（7:00～10:00）…①
　　　　　　・当日発生した所定外労働2時間（10:00～12:00）…③
　　　　企業B：時間的に**後に**労働契約を締結
　　　　　　・所定労働時間　1日3時間（15:00～18:00）…②
　　　　　　・当日発生した所定外労働1時間（18:00～19:00）…④

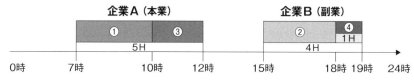

→①＋②＋③で法定労働時間（8時間）に達するので、**企業B**で行う1時間の所定外労働時間（18:00～19:00）は法定時間外労働となり、**企業B**における36協定で定めるところにより行うこととなる。
　企業Bはその1時間について割増賃金を支払う必要がある。

（例2）**企業A**：時間的に**先に**労働契約を締結
　　　　　　・所定労働時間　1日3時間（14:00～17:00）…①
　　　　　　・当日発生した所定外労働2時間（17:00～19:00）…④
　　　　企業B：時間的に**後に**労働契約を締結
　　　　　　・所定労働時間　1日3時間（7:00～10:00）…②
　　　　　　・当日発生した所定外労働1時間（10:00～11:00）…③

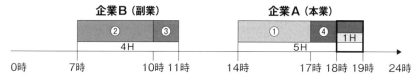

→①＋②＋③＋（④のうち1時間）で法定労働時間に達するので、**企業A**で行う1時間の所定外労働時間（18:00～19:00）は法定時間外労働となり、**企業A**における36協定で定めるところにより行うこととなる。
　企業Aはその1時間について割増賃金を支払う必要がある。

図表 4-4 簡便な労働時間の管理方法 ― 管理モデル

副業の日数が多い場合や、自社と副業先の双方で所定外労働がある場合などにおいては、労働時間の申告等や労働時間の通算管理において、労使双方の手続き上の負荷が高くなることが考えられる。管理モデルは、そのような場合において、労使双方の手続き上の負荷を軽くしながら、労基法に定める労働条件を遵守する方法である。

具体的な導入手順は以下のとおり。

(1) 副業の開始前に、以下の(A)(B)を合計した時間数が時間外労働の上限規制である単月 100 時間未満、複数月平均 80 時間以内となる範囲内において、各々の使用者の事業場における労働時間の上限をそれぞれ設定する

  (A) 副業を行う労働者と時間的に先に労働契約を締結していた使用者(以下、使用者 A)の事業場における法定外労働時間

  (B) 副業を行う労働者と時間的に後から労働契約を締結した使用者(以下、使用者 B)の事業場における労働時間(所定労働時間、所定外労働時間)

(2) 副業の開始後は、各々の使用者が(1)で設定した労働時間の上限の範囲内で労働させる→あらかじめ設定した労働時間の範囲内で労働させる限り、他の使用者の事業場における実労働時間を把握することなく労基法を遵守することが可能となる

(3) 使用者 A は自らの事業場における法定外労働時間の労働(下記②)について、使用者 B は自らの事業場における労働時間の労働(下記③)について、それぞれ自らの事業場における 36 協定の延長時間の範囲内とし、割増賃金を支払う

なお、実際に管理モデルを導入するには、使用者 A(本業先)が管理モデルにより副業を行うことを労働者に求め、労働者を通じて使用者 B(副業先)がこれに応じる必要がある(厚生労働省から「管理モデル導入(通知)様式例」が示されている)。

【管理モデルの具体例】

①使用者 A の法内残業部分
②使用者 A の法定時間外残業
③使用者 B の労働時間

単月 100 時間未満、複数月平均 80 時間以内となる範囲内で設定

【管理モデルのメリット・デメリット】

・使用者 A(本業先)が 1 カ月の法定時間外労働を 20 時間と設定し、使用者 B(副業先)が 1 カ月の労働時間(所定内・所定外の労働時間の合計)30 時間と設定した場合、使用者 A はあらかじめ定めた法定時間外労働 20 時間を超えることなく働かせていれば、使用者 B の労働時間が何時間であれ、使用者 A は労基法違反にはならない(使用者 A のメリット)。

・使用者 B(副業先)についても 30 時間の範囲で働かせる限り、労基法違反にはならない(使用者 B のメリット)。

・**管理モデルを用いた場合、使用者 B には、使用者 B における労働時間が所定内か所定外かにかかわらず、すべての時間に割増賃金の支払い義務が生じる**(使用者 A の所定労働時間が短い場合、管理モデルを導入しなければ割増賃金が不要であった時間についても割増賃金が必要となるため〔使用者 B のデメリット〕。ただし、応用的な管理モデルを設定することで、これを避けることも可能)。

図表4-5 労働時間の通算が必要となる場合

内　　　　容		条文（労基法）	通算の別
法定労働時間（1日8時間、週40時間）		32条	**通算する**
時間外・休日労働	時間外労働と休日労働の合計で単月100時間未満、複数月平均80時間以内	36条6項2号・3号	**通算する**
	36協定により延長できる時間の限度時間（月45時間・年360時間）	36条4項	通算しない
	36協定に特別条項を設ける場合の1年の延長時間の上限（年720時間）	36条5項	通算しない
休憩		34条	通算しない
休日		35条	通算しない
年次有給休暇		39条	通算しない

なうことがないよう留意する必要があります。

　実際、ガイドラインでも、本業先の指示により労働者が副業・兼業を開始した場合（具体的には、在籍型出向等）には、両社の労働時間を通算した労働時間に基づいて健康確保措置を実施することが適当である旨が指摘されています。

(3) 企業秘密等の流入・流出

　他社（本業先）で雇用されている社員を、自社（副業先）で雇用契約にて受け入れる場合、①他社の企業秘密等が自社に流入する可能性、②自社の企業秘密等が他社に流出する可能性――がそれぞれ生じます。①の場合、他社から差止請求や損害賠償請求等がなされるリスクがあり、②の場合、自社が同様の請求等を行うこととなる可能性があります。

　このようなリスクが現実化しないように、❶競業他社で勤務している者は採用しない、❷秘密保持誓約書の提出を求める、❸漏洩防止のための会社の体制を構築する（企業秘密保有者の限定、セキュリティーポリシーの整備等）、❹労働者等への研修を実施する等、企業秘密等の流入・流出が起こらないようリスクを小さくするための方策を講じるべきです。

（4）労災保険の認定、雇用保険・社会保険の適用

　後述 **4** の **Q11 ～ 13** で、本業先と副業先の両社において雇用契約を締結した場合の労災・雇用・社会保険の適用等についてまとめていますので、ご参照ください。

［3］業務委託契約にて受け入れる場合（雇用×非雇用）

（1）労働時間管理

　業務委託契約の場合、労基法は適用されないため、労基法 38 条 1 項は適用されず、本業先（雇用契約）の労働時間と副業先（業務委託契約）の就業時間の通算はなされません。そのため、副業者を業務委託契約にて受け入れる場合は、労働時間管理に関しての法律の規制はないといえます。

　もっとも、副業者を業務委託契約にて受け入れた場合でも、労基法上の労働者性が肯定される場合があり、その場合は、労基法 38 条 1 項が適用される可能性が生じます。労基法上の「労働者」に当たるか否かは、以下の二つの基準（使用従属性）や、事業者性の有無、専属性の程度等で判断されることになります。そのため、受け入れ企業としては、労基法上の労働者性が肯定される場合に当たらないか留意すべきです。

> ①労働が他人の指揮監督下において行われているかどうか、すなわち、他人に従属して労務を提供しているかどうか
> ②報酬が、「指揮監督下における労働」の対価として支払われているかどうか

（2）健康管理

　他社（本業先）で雇用されている労働者を業務委託契約にて受け入れる場合、自社（副業先）ではその副業者に安衛法は適用されないため、そもそも安衛法による健康確保措置を行う義務はありません。もっとも、契約形式が雇用であるか業務委託であるかは別にして、副業者が仕事に長時間従事するリスクという点では業務委託契約であっても雇用契約の場合と同じであるため、副業者が

健康を損なうことがないよう留意すべきです。

(3) 企業秘密等の流入・流出

他社（本業先）で雇用されている労働者を自社（副業先）で業務委託契約にて受け入れる場合も、上記[2](3)と同様に、企業秘密等の流入・流出のリスクがあります。そのため、上記[2](3)で示した❶〜❹等の方策を講じるべきです。

なお、雇用契約の場合、在職中、労働者は当然に使用者の業務上の秘密を守る義務（秘密保持義務）を負っているため、仮に秘密保持誓約書の提出（上記❷）を求めなかったとしても、（労働者が秘密保持義務の遵守を再認識する機会は減るものの）それ自体が致命的な問題になるとまではいえません。しかし、業務委託契約の場合、就業者は当然に秘密保持義務を負っているわけではないため、秘密保持誓約書の提出を求めたり、秘密保持契約を締結することの重要性が、雇用契約の場合よりも高いことに留意が必要です。

(4) 労災保険の認定、雇用保険・社会保険の適用

他社（本業先）で雇用されている労働者を業務委託契約にて受け入れる場合、自社（副業先）では、労災保険、雇用保険・社会保険の適用対象とはなりません。

もっとも、上記のとおり、実質的に雇用契約といえる場合については、これらの適用対象となる場合があることに留意が必要です。

(5) フリーランス法の施行時期と遵守

他社（本業先）で雇用されている労働者を業務委託契約にて受け入れる場合、フリーランス法施行日後であれば、同法の全部または一部が適用される可能性が高いです。適用される場合、自社（副業先）では、㋐取引の適正化（書面等の明示義務、早期の報酬支払期日の設定義務および七つの禁止行為等）、㋑就業環境の整備（募集規制、育児等に関する配慮義務、ハラスメント防止措置義務、中途解除等の30日前予告義務等）に留意する必要があります。なお、フリーランス法の施行日は、令和6年11月ごろまでの間のいずれかの日とされています。

Q **3** 副業を許可制とする場合に、どのようなケース・条件であれ
ば、禁止・制限が可能となりますか。例えば、水商売や風俗
店、反社会的勢力の関与が疑われる事業での副業を禁止し、
違反した場合に懲戒処分を科すことは可能でしょうか

A 水商売や風俗店での副業が禁止事由に該当するか否かは、自社の業種
等やその社員の地位、副業先での業務内容（キャストなのか事務員な
のか）等を踏まえた個別具体的な判断になります。反社会的勢力の関
与が疑われる事業での副業は、自社の信用が損なわれると思われ、禁
止や懲戒処分は可能と考えます

[1] 許可制の可否

　Q1のとおり、副業を制限することは原則としてできませんが、一定の場合
には、例外的に副業を禁止・制限することができることとされています。

　そして、この一定の場合に該当するか否かの判断を会社が行うこと、すなわ
ち、副業・兼業について許可制［**図表4-6**］を採ることに関しては、裁判例に
おいて、「労働者が提供すべき労務の内容や企業秘密の機密性等について熟知
する使用者が、労働者が行おうとする兼業によって上記のような事態が生じ得
るか否かを判断することには合理性があるから、使用者がその合理的判断を行
うために、労働者に事前に兼業の許可を申請させ、その内容を具体的に検討し
て使用者がその許否を判断するという許可制を就業規則で定めることも、許さ
れるものと解するのが相当である」とされています（**Q1**マンナ運輸事件）。

[2] 水商売等や反社関与が疑われる事業での副業の禁止の可否
(1) 水商売や風俗店での副業

　社員が水商売や風俗店での副業を申請した場合、**Q1**の副業禁止事由①〜④
（実際の内容は、企業ごとに異なる）のうち、④「自社の名誉や信用を損なう
行為や信頼関係を破壊する行為がある場合」に該当するかを検討することにな

図表 4-6 副業許可制の場合における申請書に盛り込む内容の例

---

1. 副業先の情報
   - 会社名、店舗の名称など
   - 副業先の住所
   - 副業先の電話番号
   - 副業先の業種、事業内容
   - 従事する業務内容
   - 取引先の情報（個人事業として就業する場合）

2. 副業先での働き方
   - 就労形態（パート・アルバイト、業務委託など）
   - 勤務形態（所定労働日、所定労働時間、始業・終業時刻、所定外労働の有無・見込み時間数・最大時間数）
   - 契約期間
   - 就労開始日

   - 実労働時間等の報告・確認
   - 申請理由
   - その他報告事項

ります。裁判例では、「兼業の内容によっては企業の経営秩序を害し、または企業の対外的信用、体面が傷つけられる場合もありうる」と指摘したものもありますが（小川建設事件　東京地裁　昭57.11.19決定）、水商売や風俗店で勤務した場合に、一律にこれに該当するかは、悩ましい問題といえるでしょう。

　例えば、自社（本業先）が小中学生の塾を運営しており、副業を申請した社員がその講師等であるような場合、仮に水商売や風俗店での副業が明らかになると保護者等からの信用を失う可能性が高いため、上記④に該当するともいえます。他方、一般中小企業の社員である場合、水商売や風俗店のキャストとして、その紹介に自社（本業先）名等を記載するのであれば、これにより自社（本業先）の信用が損なわれるおそれも生じますが、通常、自社（本業先）の名称の記載という事態は考えにくいところですし、そもそも水商売といってもさま

ざまなものがあります。そうすると、禁止事由に該当するか否かは、自社（本業先）の業種、規模、知名度、その社員の地位、業務内容、副業先での業務内容（キャストなのか事務員なのか）等を踏まえた個別具体的な判断になると思われます。

　なお、水商売や風俗店での勤務は、夜間に長時間に及ぶことが多いと思われるため、自社（本業先）の勤務時間外に十分な休息を取ることができず、①「労務提供上の支障がある場合」に該当するとして不許可とすることはあり得ます。この点について、裁判例では、本業先（総合建設業等）が、無断で副業としてキャバレーにおけるリスト係（客の出入り等をチェックする係）および会計係をしていた労働者に対して行った普通解雇について、副業の労働時間が長時間（6時間）かつ深夜にわたること等を重視して、有効と判断したものがあります（上記小川建設事件）。

（2）反社会的勢力の関与が疑われる事業での副業

　社員が反社会的勢力の関与が疑われる事業での副業を申請した場合も、**Q1**の副業禁止事由①〜④のうち、④「自社の名誉や信用を損なう行為や信頼関係を破壊する行為がある場合」に該当するかを検討することになります。

　これについては、副業として反社会的勢力の関与が疑われる事業で働いている者を雇用しているという事実だけで、自社（本業先）の信用が損なわれると考えられるため、（反社会的勢力の関与の疑いについて、十分な調査を行った上で）不許可とすることは可能と考えます。

［3］懲戒処分の可否

　水商売や風俗店での副業については、上記の個別具体的な判断の結果、有効に禁止できるものであれば、これに違反して副業を行った社員に対する懲戒処分は可能と考えます。

　また、反社会的勢力の関与が疑われる事業での副業については、上記のとおり、一律禁止も可能と考えるため、これに違反して副業を行った社員に対する懲戒処分は可能と考えます。

Q **4** 人事考課の成績が悪い社員については副業を認めない、ある
いは人事考課の成績が悪化した社員について、一度認めた副
業を不許可とすることはできるのでしょうか

A 社員の人事考課の成績が悪い理由が勤務時間外の事情に起因するもの
である場合、副業が「労務提供上の支障がある場合」に該当し、副業
許可申請の取り下げを促すことができます。また、副業により人事考
課の成績が悪化したと判断される場合、副業を不許可とできますが、
副業の即時中止を求めると社員に与える影響が大きいため、一定の猶
予期間を付与することも検討すべきです

[1] 人事考課の成績による副業の許可判断の可否

Q1 のとおり、副業は原則として自由であるため、**Q1** の副業禁止事由①〜
④（実際の内容は、企業ごとに異なる）のような副業不許可事由に該当しない
限り、禁止することはできません。

設問のケースについて、❶社員の人事考課の成績が悪い理由が、寝不足で勤
務時間中よく居眠りをしているとか、重要な業務が残っていても全く時間外労
働をせずに帰ってしまうなどの、本業の勤務時間外の事情に起因するものであ
る場合、副業を許可することで、さらに状況が悪化することも考えられるため、
「労務提供上の支障がある場合」（副業禁止事由の①）に該当するとも考えられ
ます。

他方、❷人事考課の成績が悪い理由が、単に業務遂行能力の問題であったり、
ノルマ未達成等によるものである場合には、本業の勤務時間外に行われる副業
を許可したとしても成績に影響はないと思われ、「労務提供上の支障がある場
合」（上記①）には該当しないと考えられます。

そのため、人事考課の成績が悪い社員から副業許可の申請があった場合に
は、まずは自社（本業先）にて人事考課の成績が悪い原因を分析した上で、❶
人事考課の成績が悪い理由が勤務時間外の事情に起因するのであれば、その社

員に対し、"副業は自由ではあるものの、まずは自社（本業先）の業務に集中してほしい"などの会社の考えを伝えて、副業許可申請の取り下げを促し、それでも、社員が副業許可の申請を取り下げないようであれば、不許可とすることを検討すべきです。

他方、❷副業の有無が人事考課の成績に影響を与えないようであれば、副業を許可する方向になると考えられます。ただし、本業先での業務が芳しくない状況であることから、別途、適時に、その社員に対する業務上の指導を行っていくべきです。

[2] 一度認めた副業を中止させることの可否

このケースについても、人事考課の成績が悪化した原因に副業を行っていることが関連するか否かを検討する必要があります。

仮に、副業により（労務提供上の支障が生じたことによって）人事考課の成績が悪化したと判断される場合、自社（本業先）としては、副業を不許可とすることができます。もっとも、社員は自社（本業先）の下した副業許可に基づいて、他社（副業先）と雇用契約を締結するなど既に新たな契約関係等を開始しているため、社員に対し（副業不許可事由に該当したことを理由として）副業の即時中止を求めた場合、社員に与える影響が大きいといえます。

そのため、副業の中止という結果をスムーズに実現する観点から、副業の不許可に際しては、副業を行っている社員と話し合いをした上で、一定の猶予期間を付与することも検討すべきです。

Q5 自社で機密情報・機微情報を多く含む営業情報管理を徹底していることを理由に、社員の副業を禁止または制限することは可能でしょうか

A 「業務上の秘密が漏洩する場合」に該当することを理由とした不許可が考えられますが、「営業情報」と関わりのない社員についても同様に副業を禁止することは、過度の私的介入と考えられ、少なくとも社員の副業を一律に禁止または制限することはできないと考えます

　Q1 のとおり、副業は原則として自由ですから、**Q1** の副業禁止事由①～④（実際の内容は、企業ごとに異なる）のような副業不許可事由に該当しない限り、禁止することはできません。

　そして、自社（本業先）にて機密情報・機微情報を多く含む「営業情報」の管理を徹底している場合、「業務上の秘密が漏洩する場合」（副業禁止事由の②）に該当することを理由とした不許可が考えられますが、設問のケースでは全社員について一律に禁止することとなるため、これは認められないと考えます。

　すなわち、自社が管理している「営業情報」について、全社員が一律にこれに関与しているとは考えにくいです。「営業情報」にアクセスできる社員もいれば、「営業情報」にアクセスできない社員や、「営業情報」とは関連しない業務を行っている社員もいると考えられるでしょう。このような「営業情報」と関わりのない社員についても、上記②に該当するとして副業を禁止することは、過度の私的介入と考えます。

　また、副業先が、自社（本業先）の事業とは何ら関連しない事業を行っている（かつ、将来競合する可能性もない）ような場合、自社（本業先）において「営業情報」にアクセスできる社員についても、これを用いて副業を行う懸念がないため、上記②に該当するとして副業を禁止することは行き過ぎと考えます。そのため、「営業情報」の管理の徹底を理由に、一律に社員の副業を禁止または制限することはできないと考えます。

もっとも、業務上の秘密の漏洩リスク（上記②）を回避するために必要な範囲で、副業に一定の禁止・制限を課すことは可能ですから、企業としては、禁止・制限の範囲を検討すべきです。

2 ｜ 労働時間管理関係

Q 6 社員が他社に雇用されずに副業を行う場合、副業に従事した時間を把握する（あるいは申告を義務づける）必要はあるのでしょうか

A 社員が他社（副業先）で業務委託契約等を締結し、雇用されずに副業を行う場合、副業に従事した時間を把握する必要はありません。ただし、健康管理との関係上、副業に従事している時間がどの程度かについて把握することは重要であると考えます

　Q2 のとおり、雇用者が副業を行う場合、他社（副業先）でも雇用契約を締結すれば、一定の場合を除き、労基法38条１項により労働時間が通算されることになります。他方、他社（副業先）で業務委託契約を締結する場合（すなわち、雇用されずに副業を行う場合）、労働時間は通算されません。そのため、労基法上の労働時間規制との関係で、副業に従事した時間を把握する必要はありません。

　また、雇用されずに副業を行う場合は、安衛法との関係でも、労働時間の状況を把握する必要はありません。

　もっとも、健康管理との関係上、副業に従事している時間がどの程度かについて把握することは（法律上の義務としてではなく、自主的なものとして）重要であると考えます。

Q 7 副業先での実労働時間について、副業を行う社員が正確に申告していないために総計で時間外労働の上限規制をオーバーした場合、会社は責任を問われるのでしょうか

A 労働者からの申告等により把握した副業先の労働時間が「事実と異なっていた場合でも労働者からの申告等により把握した労働時間によって通算していれば足りる」ため、本業先は責任を問われません

Q2 のとおり、本業先と副業先のいずれでも労基法の労働時間規制が適用される場合、労働時間の通算が行われます。この労働時間の通算において、他社での労働時間は「労働者からの申告等」により把握することとなります（ガイドライン）。

そして、このように把握した他社での労働時間については、通達にて、「労働者からの申告等により把握した他の使用者の事業場における労働時間が事実と異なっていた場合でも労働者からの申告等により把握した労働時間によって通算していれば足りる」（令2.9.1 基発0901第3）とされています。

そのため、例えば、時間外・休日労働は1カ月100時間未満との規制との関係で、仮に、本業先（自社）で把握している自社の時間外・休日労働が55時間、副業先（他社）について労働者から申告を受けている時間外・休日労働が20時間（ただし、客観的には44.5時間）だった場合に、本業先がさらに1時間の時間外労働を命じたとしても、（客観的には上記規制に違反することにはなるものの）本業先は客観的事実を把握していないため、責任を問われないこととなります。

Q 8 自社の法定休日・法定外休日のいずれでも副業をしている社員について、会社が責任を問われることはあるのでしょうか。また、休日に副業を認める場合、法定休日か法定外休日かで取り扱いに差はありますか

A 副業を認める休日が法定休日か法定外休日かにかかわらず、社員が自社の法定休日に他社(副業先)で労働していたとしても、自社(本業先)は法定休日を付与しているため、法定休日に関する労基法違反の責任を問われることはありません。労働時間の通算方法については、自社(本業先)の法定休日か法定外休日か、他社(副業先)において法定休日であるか否かによって取り扱いが異なります

[1] 法定休日の付与に関する会社の責任

　使用者は、労働者に対して、毎週少なくとも1回の休日(法定休日)を与えなければなりませんが(労基法35条1項)、法定休日は使用者ごとに個別に与えればよいものです。そのため、社員が自社(本業先)の法定休日に副業先で労働していたとしても、自社(本業先)は法定休日を付与しているため、法定休日に関する労基法違反の責任を問われることはありません。この点は、副業を認める休日が法定休日か法定外休日かで取り扱いに差はないといえます。

　ただし、社員が、他社(副業先)で、自社(本業先)の法定休日と法定外休日のいずれでも労働している場合、その社員は1週間のうちに完全に労働から離れる日がないことになる上、その時間数等によっては過重労働により社員の健康を害し本業に支障が生じる可能性があるため、副業を認めるか否かは、慎重に検討すべきです。

[2] 労働時間の通算の留意点

　労働時間の通算方法については、次の(1)〜(2)の点に留意すべきです。

(1) 自社（本業先）の法定休日における労働

　自社（本業先）の法定休日に、①社員を自社で労働させた場合は、その労働時間は法定休日労働として算定しますが、②社員が他社（副業先）で労働した場合は、その日が他社（副業先）における法定休日であったかどうかで取り扱いは異なります。❶他社（副業先）においても法定休日であった場合には、その労働時間は他社（副業先）における所定外労働として取り扱います。❷他社（副業先）における法定休日ではなかった場合には、その労働時間は他社（副業先）における所定労働または所定外労働として取り扱うこととなります。

(2) 自社（本業先）の法定外休日における労働

　次に、自社（本業先）の法定外休日に、①社員を自社で労働させた場合は、その労働時間は所定外労働であり、（週40時間を超えていれば）法定時間外労働となります。

　②社員が他社（副業先）で労働した場合については、上記(1)の❶❷と同様です。なお、例えば、他社（副業先）の所定労働日である場合、自社（本業先）での所定休日労働の際の労働時間（所定外労働）は、労働時間の通算をする際に、他社（副業先）での所定労働日の所定労働時間よりも通算する順番が後になります。そのため、自社（本業先）の所定労働時間と他社（副業先）の所定労働時間を通算した時点で法定労働時間を超える場合には、自社（本業先）の所定休日労働の際の労働時間（所定外労働）に割増賃金の支払いが必要になるので、留意が必要です。

Q 9 副業により長時間労働に陥り、メンタルヘルス不調となった社員について、会社は安全配慮義務違反を問われるのでしょうか。また、自社（本業先）と他社（副業先）のどちらが責任を問われますか

A 他社（副業先）で労災認定基準を満たすほどの長時間労働をした場合、自社（本業先）は原則として責任を負いません。本業と副業を合わせて長時間労働となっている場合も、自社は原則として責任を負いません。

　ただし、使用者としては、労働者がメンタルヘルスに異変を来した場合、負担を軽減し、心身の不調の防止のために配慮するべきです

[1] 副業のみで長時間労働となっている場合

　他社（副業先。本 **Q** では、雇用契約の締結の順序が、自社〔本業先〕よりも後であるため、副業先として整理しています）において、労災認定基準を満たすほどに長時間労働をした場合であっても、他社（副業先）での問題は本業先の指揮命令が及ぶ範囲ではないため、その責任は他社（副業先）が負うこととなり、本業先は原則として責任を負いません（ただし、本業先が長時間労働の事実を認識しながら、何らの措置を講じなかった場合、安全配慮義務違反を理由とした損害賠償請求を問われるリスクがあるため、注意すべきです）。

　しかし、社員のメンタルヘルス不調の発症自体に責任がなかったとしても、本業先が社員のメンタルヘルス不調の事実を認識した後、この点に配慮しなかったためにメンタルヘルス不調が悪化したような場合には、本業先は、この悪化について、安全配慮義務違反を理由とした損害賠償責任を問われるリスクがあるため、注意すべきです。なお、副業に関する事案ではありませんが、過労自殺についての使用者の責任が争われた裁判例にて、（うつ病の発症自体の

責任は否定したものの）うつ病を発症した労働者に対し、その業務を軽減するための措置を具体的に講じず、そのためにうつ病が悪化して自殺に至ったものと認定し、うつ病が悪化した結果（過労自殺）についての使用者の責任（安全配慮義務違反に基づく損害賠償責任）が肯定されたものがあります（積善会［十全総合病院］事件　大阪地裁　平 19. 5.28 判決）。

［2］ 本業と副業を合わせて長時間労働となっている場合

　一方、本業と副業を合わせて長時間労働となっている場合は、本業先または副業先のいずれかの下で、単独で長時間労働となっているわけではないため、原則としていずれの会社も責任を負いません。実際、本業先と副業先の労働日、労働時間を合わせて連続かつ長時間労働となっていた労働者が精神疾患を発症したとして使用者の責任が争われた事案において、当該長時間労働は「原告（※労働者）の積極的な選択の結果生じたものである」として、（上司から、自身の体調を考慮して休んでほしい旨注意されていたのにこれを顧みなかったこと等の事情も考慮して）使用者の責任を否定した裁判例があります（大器キャリアキャスティングほか 1 社事件　大阪地裁　令 3.10.28 判決）。

　しかし、本業先または副業先が、合計すると長時間労働となっている事実を認識しながら、何ら措置を講じなかった場合には、本業先または副業先に、安全配慮義務違反を理由とした損害賠償責任が生じるリスクがあるため、注意すべきです。実際、上記裁判例の控訴審でも、本業先と副業先が再委託の契約関係にあること、就業場所が同一の店舗であったこと等に照らし、本業先が、副業先における労働者の労働日数および労働時間について把握できる状況にあったとして、本業先の安全配慮義務違反を肯定していることに注意が必要です（大器キャリアキャスティングほか 1 社事件　大阪高裁　令 4.10.14 判決）。

［3］ 対策

　使用者の損害賠償責任の有無を別にしても、使用者としては、労働者が心身の健康を害することを防ぐべきです。そのため、使用者としては、メンタルヘ

ルスに異変を来していたり、その可能性のある社員について、業務軽減を命じたり、残業（時間外労働、深夜労働、休日労働）を禁止したり、配置転換を命じたりすることで、その負担を軽減し、心身の不調の防止のために配慮するべきです。

　ただし、メンタルヘルスに異変を来している場合、業務を軽減することで社員が"仕事を取り上げられた"と感じてしまったり、配置転換先の業務がその社員にとって初めて担当する業務となるなど、かえって社員に心理的負荷を与えてしまいかねない事態も生じ得ます。そのため、配慮内容については、可能な限り社員本人との協議を行い、主治医および会社指定医等の専門家の意見を踏まえた上で、慎重に検討すべきです。

Q10 副業先の労働時間を通算すると長時間労働になる社員について、面接指導の対象とする必要はあるのでしょうか

A 安衛法上は、両社の労働時間を通算する必要はないため、自社での労働時間のみで医師による面接指導の対象者を決定すればよいといえます。ただし、副業先での労働時間と通算して長時間労働となっている場合には、民事訴訟リスクの回避の観点から、安衛法を上回る健康確保措置の実施を検討することもあり得ます

　Q2のとおり、自社（本業先）と他社（副業先）の両社で雇用契約を締結した場合であっても、医師による面接指導等（安衛法66条の8等）の実施対象者の選定に当たって、両社の労働時間を通算する必要はないため、自社（本業先）での労働時間のみで医師による面接指導の対象者を決定すればよいといえます。

　もっとも、自社（本業先）と他社（副業先）との労働時間を通算して長時間労働となっている場合には、会社は、民事訴訟リスクの回避の観点から、安衛法を上回る健康確保措置の実施を検討することもあり得ます。

例えば、①副業を行う労働者に対して法定の要件を緩和した形で医師の面接指導を受けさせる（例：副業を行っている労働者に対しては、副業先でも労働していることを踏まえて、自社での時間外・休日労働時間が1カ月当たり〔80時間を超えていないとしても、例えば〕60時間を超えているようであれば、医師の面接指導等の対象とする）ことなどが考えられます。ほかにも、②副業をしている社員に対して十分な健康教育を行う、相談窓口を設置するなどにより、社員の自己管理を支援する措置を取っておくことなども有用です。その他、③そもそも通算しても長時間労働とならない範囲でのみ副業を許可したり、そのような内容で副業の労働時間を設定する（「管理モデル」〔前掲 **[図表 4-4]** 参照〕を使用する等）ことなどもあり得ます。

4 | 労災保険の認定、雇用保険・社会保険の適用関係

Q11 過労が原因で疾病を発症した社員について、自社と副業先それぞれの業務上の負荷のみでは業務と疾病等の間に因果関係が認められない場合、どのように「業務上の負荷を総合的に評価」して労災認定が行われるのでしょうか

A 労災認定に当たって、自社と副業先それぞれの業務上の負荷を総合して評価する場合、労働時間に関する基準が重視されると考えられます。会社としては、社員の労働時間および健康状態の悪化に、常に留意しておく必要があります

[1] 前提

労災保険は、短時間労働者を含むすべての労働者が対象となるため、労働者は、本業先でも副業先でも労災保険の対象となります。

そして、労働者が疾病等に罹患（りかん）した場合、自社（本業先）の業務上の負荷と疾病等との間に因果関係が認められるのであれば自社（本業先）の「業務災害」

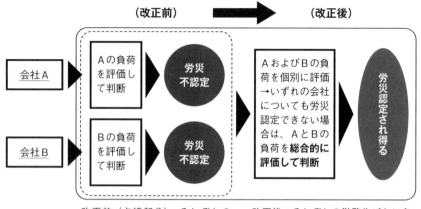

図表 4-7 複数業務要因災害における負荷の総合的評価の具体例

（改正前）　　　　　　　　（改正後）

| 会社A | Aの負荷を評価して判断 | 労災不認定 |
| 会社B | Bの負荷を評価して判断 | 労災不認定 |

AおよびBの負荷を個別に評価→いずれの会社についても労災認定できない場合は、AとBの負荷を**総合的に評価して判断**

労災認定され得る

改正前（点線部分）：それぞれの勤務先ごとに負荷（労働時間やストレス等）を個別に評価して労災認定できるかどうかを判断

改正後：それぞれの勤務先ごとに負荷（労働時間やストレス等）を個別に評価して労災認定できない場合は、すべての勤務先の負荷（労働時間やストレス等）を総合的に評価して労災認定できるかどうかを判断

資料出所：厚生労働省「複数事業労働者への労災保険給付　わかりやすい解説」を一部改変

となり、他社（副業先）の業務上の負荷と疾病等との間に因果関係が認められるのであれば他社（副業先）の「業務災害」となります。

[2] 複数業務要因災害

　令和2年9月1日に施行された改正労災保険法により、自社（本業先）と他社（副業先）それぞれの業務上の負荷のみでは業務と疾病等の間に因果関係が認められない場合でも、複数就業先での「業務上の負荷を総合して評価」することで疾病等との間に因果関係が認められる場合については、「複数業務要因災害」として、労災保険給付の対象とされることとなりました**［図表 4-7］**。

(1) 精神障害

　具体的には、精神障害の労災認定基準については、認定基準における心理的負荷の評価に係る「業務」を「二以上の事業の業務」と読み替えるなどして、

認定要件を満たすか否かの判断がなされることになります。

心理的負荷のうち、①労働時間の考え方については、通達において「心理的負荷を評価する際、異なる事業における労働時間、労働日数は、それぞれ通算する」とされています（平 23.12.26　基発 1226 第 1、最終改正：令 2. 8.21 基発 0821 第 4）。そのため、例えば、発病直前の 1 カ月間に、自社（本業先）で 82 時間の時間外労働を行った上で、他社（副業先）でも 82 時間の時間外労働を行った場合、通算すると月 164 時間の時間外労働となります。このケースでは、"発病直前の 1 カ月間におおむね 160 時間を超えるような時間外労働をした場合、心理的負荷の強度が強い" とする精神障害の労災認定基準における時間数を超えるため、労災認定がなされると考えます。

次に、②労働時間以外については、異なる事業における出来事の心理的負荷の強度を全体的に評価することとされています。ただし、異なる事業における出来事が関連して生じることはまれであることから、原則として、"関連のない複数の出来事" として評価されることになります。

(2) 脳・心臓疾患

脳・心臓疾患の労災認定基準についても、認定基準における過重性の評価に係る「業務」を「二以上の事業の業務」と読み替えるなどして、認定要件を満たすか否かの判断がなされることになります。

認定基準のうち、❶「異常な出来事」（発症直前から前日までの出来事）については、これが認められる場合には、一の事業における業務災害に該当すると考えられることから、一般的には、異なる事業における負荷を合わせて評価することはないものと考えられています。しかし、❷「短期間の過重業務」（発症前おおむね 1 週間の業務による出来事）および❸「長期間の過重業務」（発症前おおむね 6 カ月間の業務による出来事）については、通達にて、「業務の過重性の検討に当たっては、異なる事業における労働時間を通算して評価する。また、労働時間以外の負荷要因については、異なる事業における負荷を合わせて評価する」とされています（令 3. 9.14　基発 0914 第 1）。

そのため、例えば、発症前の 1 カ月間に、自社（本業先）で 52 時間の時間

外労働を行い、他社（副業先）でも 52 時間の時間外労働をした場合、通算すると月 104 時間の時間外労働となり、“発症前 1 カ月間におおむね 100 時間を超える時間外労働をした場合は業務と発症との関連性が強い”とする脳・心臓疾患の労災認定基準における時間数を超えるため、労災認定がなされると考えられます。

(3) 小括

このように、自社と副業先それぞれの業務上の負荷を総合して評価する場合に労災認定がなされる可能性が高いのは、労働時間に関する基準といえます。そのため、会社（本業先および副業先）としては、社員の労働時間（およびこれが過重なことによる健康状態の悪化）には、常に留意しておく必要があるでしょう。

Q 12 労災または通災のため、社員が自社と副業先のいずれでも休業した場合、労災保険の休業補償で基礎とされる賃金は自社と副業先のいずれのものが適用されるのでしょうか

A 自社の給付基礎日額に相当する額と、副業先の給付基礎日額に相当する額を合算した金額を基礎として、給付基礎日額が算定されます

令和 2 年 9 月 1 日に施行された改正労災保険法により、副業を行っている労働者について、業務災害（または複数業務要因災害）として労災認定がなされた場合、その保険給付に係る給付基礎日額は、自社（本業先）の給付基礎日額に相当する額と、他社（副業先）の給付基礎日額に相当する額を合算した金額を基礎として算定されることとなりました（**第 2 章 [図表 2-14]** 参照）。

そのため、例えば、自社（本業先）で月 30 万円、他社（副業先）で月 10 万円の賃金を得ている労働者が、他社（副業先）の業務に関連するけがによって入院した場合の給付基礎日額は、自社（本業先：月 30 万円）の給付基礎日額に相当する額と、他社（副業先：月 10 万円）の給付基礎日額に相当する額

を合算した金額を基礎として算定することとなります。

> **コラム** **本業先と副業先との間の移動中に災害に遭った場合の労災保険給付**
>
> 　労働者が、自社（本業先）、副業先の両方で雇用されている場合で、ある一方の就業先から他の就業先への移動時に起こった災害については、通勤災害として労災保険給付の対象となります。このような事業場間の移動は、移動の終点たる事業場において労務の提供を行うために行われる「通勤」であると考えられ、移動の間に起こった災害に関する保険関係の処理については、終点たる事業場の保険関係で行うものとしている（平18.3.31　基発0331042）ため、夕方ごろに本業を終えて自社から副業先に向かう途中に被災した場合は、副業先の通勤災害として処理されることとなります。
>
> 　そして、令和2年9月1日に施行された改正労災保険法における給付基礎日額に関する改正により、このような通勤災害の場合についても、本業先と副業先の給付基礎日額に相当する額を合算した額により、労災保険給付が行われることとなりました。

Q13 雇用保険マルチジョブホルダー制度の利用申し出があった際の留意点として、どういうことがありますか

A 手続きは原則として労働者本人が行うこととなりますが、会社としては、資格取得時・資格喪失時に手続きに必要な証明や書類の交付等を行う、あるいは労働者の理解が十分でないなどの場合、労働者本人が手続きをする際に支援を行うことなどが考えられます

[1] 雇用保険マルチジョブホルダー制度

　雇用保険では、原則として、適用事業に雇用される労働者が被保険者となり

ますが、同一の事業者の下で、①1週間の所定労働時間が20時間未満である者、②継続して31日以上雇用されることが見込まれない者については、（日雇労働被保険者でない限り）原則として、適用除外とされています。

　この①の場合の週所定労働時間は、事業主ごとに判断するため、本業と副業の所定労働時間を通算しません。そのため、本業先の所定労働時間が週15時間、副業先の所定労働時間が週10時間の労働者は、（合計すると20時間以上となるものの、通算しないため）雇用保険は原則として適用されません。なお、本業先と副業先のいずれでも週の所定労働時間が20時間以上で適用要件を満たす場合は、「生計を維持するに必要な主たる賃金を受ける雇用関係」についてのみ雇用保険の被保険者となります。

　令和4年1月1日より、複数の事業所で勤務する65歳以上の労働者が、二つの事業所での勤務を合計して以下の❶〜❸をすべて満たす場合には、労働者本人がハローワークに申し出ることによって、申し出を行った日から特例的に雇用保険の被保険者（マルチ高年齢被保険者）として雇用保険を適用する制度が開始されました（雇用保険マルチジョブホルダー制度）。

《雇用保険マルチジョブホルダー制度における雇用保険の加入要件》
❶複数の事業所に雇用される65歳以上の労働者であること
❷二つの事業所（1週間の所定労働時間が5時間以上20時間未満であるものに限る）の労働時間を合計して1週間の所定労働時間が20時間以上であること
❸二つの事業所のそれぞれの雇用見込みが31日以上であること

　この制度を利用する場合、手続きは原則として労働者本人が行うこととはなりますが、会社としては、資格取得時および資格喪失時に手続きに必要な証明や書類の交付等を行うことになるため、留意すべきです。なお、会社としては、（労働者の理解が十分でない場合は）労働者本人が上記の手続きをする際に、その支援を行うことなどが考えられます。

[2] 社会保険

社会保険（厚生年金保険、健康保険）も、適用される労働者について、「1週間の所定労働時間が20時間以上であること」との基準がありますが、これについては、雇用保険マルチジョブホルダー制度のような改正はなされていません。社会保険の適用要件は事業所ごとに判断するため、複数の雇用関係に基づき複数の事業所で勤務する者が、いずれの事業所においても適用要件を満たさない場合、労働時間等を合算して適用要件を満たしたとしても、適用されません。そのため、特段留意すべき事項はないといえます。

なお、同時に複数の事業所で就労している者が、それぞれの事業所で被保険者要件を満たす場合、被保険者は、いずれかの事業所の管轄の年金事務所および医療保険者を選択し、選択された年金事務所および医療保険者において各事業所の報酬月額を合算して、標準報酬月額を算定し、保険料を決定します。その上で、各事業主は、被保険者に支払う報酬の額により案分した保険料を、選択した年金事務所に納付（健康保険の場合は、選択した医療保険者に納付）することとなります。

5 | その他のトラブル関係

Q14 「上司から副業の詳細を聞かれたのはハラスメントではないか」と訴える社員にどう対応すべきでしょうか

A 会社としては、まずは事実確認を行い、上司が副業の詳細を聞いたという事実の有無や、その目的等を確認すべきです

職場において行われる優越的な関係を背景とした言動であって、業務上必要かつ相当な範囲を超えたものによりその雇用する労働者の就業環境が害されるものは、パワーハラスメント（以下、パワハラ）とされます（労働施策総合推進法30条の2）。

社員が、「上司から副業の詳細を聞かれたのはハラスメントではないか」と訴えてきた場合、会社としては、まずは事実確認を行い、上司が副業の詳細を聞いたとの事実の有無や、その目的等を確認すべきです。

　その上で、事実がある場合に、副業の詳細を確認した上司の目的が、①正当な権限により副業を許可するか否かを判断するために副業の内容等を確認した場合や、②副業により部下が長時間労働となっていないかを確認するために副業先での労働時間を確認した場合等は、業務上必要かつ相当なものであったとして、パワハラには該当しないことを、訴えた社員に対して説明すべきでしょう。また、上司に対しては、部下に対して副業の詳細等を確認する際は、発言の背景や目的等を説明すべきであることを指導したほうがよいと考えます。

　他方、副業の詳細を確認した上司の目的が、特段業務上の必要性があるわけではなく、交流のための雑談目的や興味本位であった場合は、それ自体で直ちにパワハラに該当するわけではないものの、その具体的な発言内容や態様等（例えば、本人が上司に副業の話をしないでほしいと言っているにもかかわらず執拗に聞くなど）によっては、職場におけるパワハラ（類型としては、「個の侵害」〔私的なことに過度に立ち入ること〕）に該当する可能性もなくはありません。そのため、仮にパワハラに該当しないと判断するにしても、上司に対して、部下との距離感等について注意・指導等を行うなどの適切な対応を取るべきです。

Q 15 副業を理由に残業（時間外労働、深夜労働、休日労働）を拒否する社員にどう対応すべきでしょうか。異動・配置転換を検討したり、人事考課で低い評価としたりすること等は可能ですか

A 副業を行う社員が、副業先の所定労働時間に影響があることを理由に残業を拒否する場合、自社の残業命令が有効となるためには、高度の業務上の必要性が求められます。有効な残業命令に社員が応じないことで業務に支障がある場合は、これを理由に人事考課で低い評価をつけること、異動・配置転換を行うことは可能です

[1] 残業命令の有効性

　①36協定を締結・届け出していること、②残業命令に根拠があること、③残業命令が権利濫用ではないこと、④残業命令が36協定に適合していること、という要件を満たす場合、社員は、原則として残業命令に応じて勤務する義務を負うと考えられます。

　このうち③の要件は、残業（時間外労働、深夜労働、休日労働）の業務上の必要性の内容・程度と、社員が拒否する理由の合理性等を比較衡量して判断されるものです。

　これについて、自社（本業先）が副業許可制を採っている場合、自社は社員の副業申請に対し、他社（副業先）での所定労働時間等を認識した上で、副業を認めている（すなわち、その時間帯は基本的には本業を行えないことを甘受している）と考えられます。他方、社員は、自社（本業先）の残業に応じることによって他社（副業先）の所定労働時間に影響を及ぼす場合には、副業先を欠勤する、副業先の年次有給休暇を利用する、副業先での勤務時間を変更する等の負担を負わなければならず、不利益を負うこととなります。

　これらに鑑みると、副業を行う社員が他社（副業先）の所定労働時間に影響があることを理由に残業を拒否する場合、自社（本業先）の残業命令が有効と

なるためには、高度の業務上の必要性（該当業務が同日に行われなければならず、同社員でなければ行うことができず、これを行わなければ会社にとって一定の損害が生じる場合等）が求められると考えられます（ただし、この必要性についても、時間外労働よりも深夜労働、深夜労働よりも休日労働のほうが求められる必要性の程度が高くなると考えます）。

[2] 残業拒否への対応策

　副業を行う社員から残業を拒否されることのないよう、会社（本業先）としては、❶社員の副業申請時に、本業と副業の時間帯の間に余裕を持たせるよう話し合う、❷本業の繁忙期が決まっているなど残業命令が発せられる時期や事由がある程度予測可能な場合等については、この期間の副業のスケジュールを調整することを社員とあらかじめ相談しておく、❸残業命令を出す可能性が高い時間帯と重複する副業（特に副業での勤務の頻度が高い場合）については、原則として不許可とする、❹副業許可に有効期限を付しておき適宜見直す、❺副業を行う社員の業務が（残業をすることなく）滞りなく完了するよう、日頃から業務の引き継ぎをスムーズにするよう作業方法を指導したり、業務の進め方について話し合いを行う——などの対応を取っておくことが考えられます。❸については、不許可の時間帯が長過ぎると、副業に対する過度の制限となるため注意すべきです。

[3] 異動・配置転換や人事考課による対応

　社員が有効な残業命令に応じないのであれば、これを理由に人事考課で低い評価をつけることは可能と考えます。

　また、社員が有効な残業命令に応じないことで業務に支障があるということであれば、（例えば、残業の少ない部署への）異動・配置転換を行うことも可能と考えます。

　もっとも、これは社員が、副業を理由として"有効な"残業命令に応じないことを前提としたものであり、有効ではない残業命令の場合はこの限りではあ

りません。なお、ガイドラインにて、「副業・兼業に係る相談、自己申告等を行ったことにより不利益な取扱いをすることはできない」と指摘されていることに留意する必要があります。

Q16 メールのやりとり等、自社での就業時間中に副業先の業務を行っている社員を懲戒処分できますか

A 就業規則に"勤務時間中は本業に専念し、副業を行わないこと"等を遵守事項とした上で、遵守事項への違反が懲戒事由とされていることを前提に、懲戒処分を行うことは可能です。ただし、業務への支障の程度が小さい場合は、懲戒処分が無効とされるリスクがあります

[1] 職務専念義務

労働契約により、労働者は、労働の対価として賃金の支払いを請求できる権利を有する一方、使用者に労務を提供する義務（労務提供義務）を負っています（労契法6条）。そして、このような労務提供義務は、勤務時間中は労働の内容・遂行方法・場所等に関し使用者の指揮命令に従った労働を誠実に遂行する義務（職務専念義務、誠実労働義務）も包含していると考えられています。

労働者が自社（本業先）の就業時間中に、メールのやりとり等の副業先での業務を行っている場合、（反対の見解はあるものの）原則として、職務専念義務に違反していると考えられます。

[2] 懲戒処分の可否

就業規則に、遵守事項として"勤務時間中は本業に専念し、副業を行わないこと"等を規定した上で、こうした遵守事項への違反が懲戒事由とされていることを前提に、懲戒処分を行うことは可能と考えます。

もっとも、業務への支障の程度が小さい場合は、懲戒処分が無効とされるリスクがあるため、懲戒処分を行う際には、業務への支障の程度や、私語や私的

電話等の他の事例との公平性等を慎重に検討するとともに、懲戒処分前にまずは口頭または書面での注意・指導を行い、それでも改善が見られなかった場合に懲戒処分を行うという手順を踏むべきでしょう。裁判例でも、勤務時間中に私用メールをしていたことを職務専念義務違反として懲戒処分を行った事案で、私用メールの頻度が少なかったことなどから、業務への支障が生じていなかったとして職務専念義務違反を否定し、懲戒処分を無効と判断したものがあります（グレイワールドワイド事件　東京地裁　平15. 9.22判決）。

Q17 テレワーク就業中に副業先の業務を行っている社員を懲戒処分できますか。また、こうしたケースを防ぐ手だてはあるのでしょうか

A 就業規則で職務専念義務違反が懲戒事由となっていれば、懲戒処分を行うことは可能です（詳細は **Q16** 参照）。テレワーク中の副業の防止策として、1日ごとの成果報告や時間単位の日報を提出させる、プレゼンス管理（在席確認）ツールを用いる等のほか、場合によっては、自社（本業先）の就業時間中に中抜けをして副業を行うことを認めた上で制度整備・活用・周知を行うことも考えられます

[1] テレワーク中の副業に対する懲戒処分の可否

Q16 のとおり、労働者には職務専念義務があるため、就業規則に、勤務時間中は本業に専念し副業を行わないこと等が遵守事項として規定されている場合があります。この遵守事項の違反が懲戒事由とされていることを前提に、自社（本業先）のテレワーク中に副業先の業務を行った社員に懲戒処分を行うことは可能と考えます（詳細は **Q16** 参照）。

もっとも、テレワーク中であるがゆえ、社員が副業を行っている事実の発見や確認は難しいところです。そのため、有効性確保の観点から、十分な事実確認をし、懲戒処分前に口頭または書面での注意・指導を行った上で、それでも

改善が見られない場合に懲戒処分を行うべきでしょう。

[2] テレワーク中の副業の防止策

テレワークをしている労働者が自社（本業先）の勤務時間中に副業を行うことを防ぐためには、①本業のテレワーク等の勤務について、1日ごとの成果報告や時間単位の日報を提出させる、②プレゼンス管理（在席確認）ツールを用いる（ただし、プライバシー保護には注意が必要）、③就業規則等で制度を整備した上で、テレワークを行う労働者のパソコンを適時にモニタリングする、などの対策が考えられます。

また、場合によっては、自社（本業先）の就業時間中に中抜けをして副業を行うことを認めた上で、社員がこれを行う際の制度整備や活用（時間単位年休、フレックスタイム制や裁量労働制の導入、始業・終業時刻の繰り上げ・繰り下げの活用等）および周知を行うことも考えられます。

Q 18 終業後に会社施設内で副業先の業務を行っている社員に、どう対応すべきでしょうか。また、会社貸与のパソコンやプリンター等を副業先の業務に使用している社員については、どう対応すべきですか

A 会社施設や、会社貸与のパソコン、プリンター等の会社設備には、会社の施設管理権が及び、原則として、使用者の承諾なしに自由に使用することはできません。就業規則等に、会社施設内で副業を行ってはいけない旨や会社設備を副業に利用してはいけない旨を規定し、これを周知した上で、これに違反した社員に対して、まずは口頭または書面での指導を行い、改善が見られないようであれば懲戒処分を行うべきです

[1] 会社施設内での副業

会社には施設管理権があり、会社の建物、敷地、設備等を目的に沿うよう管

理・保全する権限を持っています。そのため、社員は、就業時間中はもちろんのこと、休憩時間や就業時間外であっても、原則として、使用者の承諾なしに自由に会社の施設を使用することはできません。

　そのため、会社は、就業規則等に会社施設内で副業を行ってはいけない旨を規定し、これを周知した上で、これに違反した社員に対して、まずは口頭または書面での指導を行い、改善が見られないようであれば懲戒処分を行うべきです。

［2］会社設備を用いた副業

　会社貸与のパソコン、プリンターなどの会社設備についても施設管理権が及ぶため、上記と同様の対応をすべきです。

　なお、社員が、会社（本業先）貸与のパソコンを用いて副業を行う場合、パソコンのログ記録からは、労働者が本業先の労働時間として申告していない時間についても労働を行っていた（所定外労働があった）かのように見えるなどのリスクがあります。

　労働基準監督署の臨検監督を受ける際などには、労働者の自己申告とパソコンのログ記録が合致しているかなどが確認されることもあるため、会社（本業先）としては、このような事態が起こらないように、貸与パソコンについて、本業以外に使うことを禁じ、本業終業後にシャットダウンを義務づけるなどの対応を取っておくべきです。

第**5**章

副業に関する
企業の取り組み事例

キリンホールディングスの副業活用施策

東芝における副業制度の導入

キリンホールディングスの副業活用施策

副業推進・副業人財の受け入れにより、多様な人財の活躍をイノベーション創発につなげる

取材対応者

人事総務部 人事担当 **秋葉美樹** 氏
人事総務部 人事担当 **土屋洋平** 氏

(所属・役職は 2021 年の取材当時のもの)

ポイント

❶**背景**：長期経営構想において「多様な人財と挑戦する風土」を掲げ、新しい働き方改革における取り組みの一つとして 2020 年 7 月に副業を解禁。併せて社外から副業人財の受け入れも決定、2021 年 2 月に副業人財の公募を開始

❷**自社人財の副業解禁の概要**：許可制で同社および三つの事業会社の社員を対象とする。業務委託を中心とし、本業や自己啓発と親和性の高い副業が進む

❸**副業人財の受け入れの概要**：事業創造部でアドバイザリー型の副業人財を公募。月 4 〜 5 日相当、3 カ月単位での業務委託契約。初回の公募では 2 人と契約を結び、それぞれが有する深い知見や示唆を事業推進に生かす

❹**今後の展望**：個人の成長経験を組織で共有し、社員同士が良い刺激を受け合う風土づくりを目指す。また、他社との相互副業実験や社内ダブルワークなど新たな副業の在り方を模索していく

※掲載内容は取材時点（2021 年）のもの。

1 副業活用施策推進の背景

「多様な人財と挑戦する風土」を掲げ、環境の変化を "機会" と捉える

[1] 長期経営構想「キリングループ・ビジョン 2027」

　キリンホールディングスは、祖業であるビール事業や飲料といった「食領域」において事業を展開し、発酵・バイオテクノロジーを活用して「医領域」「ヘルスサイエンス領域」へと事業領域を拡大してきた。特に近年、同社を取り巻く環境は先行きの見通しがますます困難になってきており、持続的な成長を実現するためには CSV[1] 経営の深化により社会的価値と経済的価値を創出し、社会と共に歩んでいくことが不可欠と認識している。

　そこで 2019 年、長期経営構想「キリングループ・ビジョン 2027」（以下、KV2027）を策定し、2027 年までに「食から医にわたる領域で価値を創造し、世界の CSV 先進企業となる」ことを示した **[図表 5-1]**。KV2027 における戦略の枠組みでは、「イノベーションを実現する組織能力」を強化することを示しており、その一つとして「多様な人財と挑戦する風土」を掲げている。ここでは、特に重要な項目として多様性の推進、人財力の強化、組織風土の醸成を挙げた。今回紹介する副業の解禁や社外からの副業人財の受け入れといった副業活用施策を推進する背景はここにあり、社内のみならず社外からの知見を柔軟に取り入れるとともに、同社に人財の多様性をもたらすこと、そして組織が成長することを狙いとしている。

※ 1　Creating Shared Value（お客さまや社会と共有できる価値の創造）の略。

[2]「『働きがい』改革 KIRIN Work Style 3.0」の取り組み

　同社では、新型コロナウイルス感染症によるさまざまな環境変化を会社と社員双方が成長する機会と捉え、国内の全グループ社員約 2 万人を対象に、新たな経営環境における新しい働き方改革「『働きがい』改革 KIRIN Work Style 3.0」（以下、KIRIN Work Style 3.0）を 2020 年 7 月から進めると発表した。ここで掲げた同社の目指す姿は次のとおり。

> 「仕事の意義・目的」に基づく、「継続した仕事の見直し」×「主体的な働き方」により、一人ひとりが「働きがい」を実感することで、「グループの持続的な成長」につながる「生産性向上」×「創造性向上」×「個の充実」を実現する

社員一人ひとりが仕事の意義や目的を確認し、「加速すること」「変革すること」「やめること」「縮小すること」の四つの観点で仕事を見直すサイクルを定期的に回し、仕事への意欲や達成感を高めることで働きがいにつなげるとした。

図表 5-1 KV2027 の全体像

KV2027 の基本的な方向性は不変。変化が激しく将来の予測が困難な時代に
しなやかに対応し、CSV 経営を前提とした既存事業強化と新たな価値創造の両立によって、
持続的成長の実現を目指す。

グループ経営理念	キリングループは、自然と人を見つめるものづくりで、「食と健康」の新たなよろこびを広げ、こころ豊かな社会の実現に貢献します。
2027年目指す姿	食から医にわたる領域で価値を創造し、世界の CSV 先進企業となる
経営成果	経済的価値の創造（財務目標の達成）・社会的価値の創造（非財務目標の達成）

戦略の枠組み

健康・コミュニティ・環境などの社会課題への取組みを通じた価値創造　　一人ひとりとのつながりを強めて、お客様の期待に応える価値創造

イノベーションを実現する組織能力

お客様主語のマーケティング力	確かな価値を生む技術力
多様な人材と挑戦する風土	価値創造を加速する ICT

価値観 "One KIRIN" Values	熱意、誠意、多様性 "Passion. Integrity. Diversity."

さらに、その具体的な取り組みについて、次の四つのカテゴリーに分けている。

①働く場所の選択（オフィスの目的の再整理、ペーパーレス推進等）

②システム／ ITツールの拡充（議事録作成支援ツールの導入とパソコンのリモートアクセス制限数の拡大）

③働き方に関する制度の拡充（在宅勤務制度、育児・介護支援、副業制度等）

④新たなコミュニケーションスタイル（チームにおけるコミュニケーションの在り方の見直し等）

副業制度は、このうち「③働き方に関する制度の拡充」における施策の一つとして、2020年7月に導入した。副業人財の受け入れについては、副業解禁と同時期から検討を始め、2021年2月に公募を開始している。

以下では、自社人財の副業解禁と、社外からの副業人財の受け入れ施策について見ていきたい。

2 自社人財の副業を解禁
一人ひとりの成長と副業で得た知見等を組織に還元する

[1] 副業解禁の発表

同社が副業解禁について具体的に検討を始めたのは2018年であり、健康管理や働く時間について労使間で話し合いを重ねた。そして2020年のKIRIN Work Style 3.0の発表で、働き方に関する制度拡充策の一つとして副業解禁を社内外に打ち出した [**図表5-2**]。その目的は社員一人ひとりの成長と、副業で得た知見を同社に持ち帰り組織へ還元することであり、この趣旨を理解した社員が新たな働き方として副業を実施している。

[2] 副業の内容
（1）対象者と申請方法

副業の概要は、[**図表5-3**] のとおり。まず、制度の対象者は同社およびキ

図表 5-2 KIRIN Work Style 3.0 における副業解禁の発表（趣旨、概要）

- 知見を広め、本業におけるイノベーションにつながることを前提とした副業を認める
- 社外での業務に従事することを通じて、「深い専門性」や「新たな視点・経験」を社員一人ひとりが獲得することで、自身の成長や多様な価値観の醸成につなげ、それを本業に生かすことを目的とする
- 本業に支障を来すおそれや企業秘密が漏洩するおそれがあるもの、会社の名誉や信用を損なう行為に値するものや、利益を害する可能性があるものは禁止
- 本業の所定外時間と副業での労働時間を合算して把握し、長時間労働を防ぐ

図表 5-3 副業の概要

取り組みの狙い	「専門性の発揮の機会」や「社外での刺激・気付き」を得ることで、自身の成長や内面的な多様な価値観の醸成につなげ、本業に還元すること
取り組みの開始時期	2020 年 7 月
対象者	キリンホールディングス、キリンビール、キリンビバレッジ、メルシャンに所属する社員
申請方法	イントラネットに掲示されている副業申請書に必要事項を記入し、キリンホールディングス人事総務部へ提出
実績	1 年半で約 50 人（内勤で企画系の業務を行う社員が中心）
副業例	・中小企業診断士の資格を生かした経営コンサルティング ・専門知識を生かした執筆活動 ・デジタルマーケティングのアドバイザー ・スタートアップ企業での経営戦略立案 ・コーチング　　等
副業開始後の申告等	数カ月に一度の頻度で以下の申告を義務づけ、副業開始後の状況に変更がないかを確認 ・本業の労働時間と副業の従事時間の合計時間 ・本人の健康状態、副業に割く時間の変化、副業内容の変更有無、副業で得た知見の本業への生かし方　　等

リンビール、キリンビバレッジ、メルシャンの各事業会社に所属する社員。副業希望者はイントラネットで共有されている副業申請書に必要事項を記入し、上司の許可を得た上で同社人事総務部宛てに提出する。

副業申請書には、副業の職務内容、期間、目的等の記入欄と遵守事項（会社の機密情報を漏洩させないこと等）のチェック欄を設け、記入内容を確認した上で副業の許可・不許可を同社が個別に判断している。取引先や競合他社など本業に関わりのある業務は禁止しており、いったん許可したものでも、実際の副業内容・形態がガイドに抵触する場合は、取り消すことがある。副業を検討する社員からは、「申請予定の副業が禁止事項に抵触しないか」「副業解禁の目的に合致しているか」といった観点の問い合わせが多い。

現状、同社における副業の形態は業務委託がメインであるが、起業や雇用型の副業も認めるなど柔軟に対応している。これまで、許可済みの副業を取り消した事例はない。

「副業を許可するポイントは、まずは"本業に支障がないこと"です。そのほか、情報漏洩の危険がないかも確認し、趣旨に沿っていれば副業開始となります。守秘義務の誓約書はないですが、副業の申請書に社員が守るべきことを列挙していますので、それに社員がチェックを入れることで守秘義務の遵守に同意したものとしています」（秋葉氏）

（2）副業の例

副業を解禁して1年半が経過した時点での制度利用者は約50人であり、内勤で企画系の業務を行う社員が中心となっている。副業の内容を見ると、自身が所有する中小企業診断士の資格を生かした経営コンサルティング、専門知識を生かした執筆活動、自己啓発で身につけた知識を生かしたデジタルマーケティングのアドバイザー、スタートアップ企業での経営戦略立案、コーチングなど多岐にわたる。以上のように、同社における副業は、本業や自己啓発との"親和性の高さ"がポイントとなっている。

(3) 労働時間の申告等

厚生労働省が策定した「副業・兼業の促進に関するガイドライン」（平成30年1月策定、令和2年9月・令和4年7月改定）では、労働時間の通算のルール等が示されており、副業制度の導入を検討する企業を中心に活用されている。同ガイドラインでは、フリーランスやアドバイザーなど労基法が適用されない場合においても、過労等により業務に支障を来さないようにする観点から、労働者の申告等により就業時間を把握するなどの対応を行い、就業時間が長時間にならないよう配慮することが望ましいとされている。

同社では、本業の労働時間と副業の従事時間を合算した時間の上限を定めている（具体的な基準は非公表）。副業する社員から数カ月に一度の頻度で労働時間を申告してもらう。労働時間の申告フォーマットには、本業の労働時間と副業の従事時間の記入枠を設けている。

そのほか、本人の健康状態や副業に割く時間の変化、副業内容の変更有無、副業で得た知見の本業への生かし方等についても、労働時間と同様に定期的な報告を義務づけることで、副業開始後の状況に変更がないか確認する。

今のところ、本業と副業の合計時間が長時間となっている社員はいない。副業する社員のみ対象とした健康管理等は実施していないものの、希望があれば柔軟に対策を講じていく方針だ。

[3] 認識している効果

副業の解禁により、一人ひとりの成長や、副業で得た知見の組織への還元といった当初の目標どおりの効果が得られている、と秋葉氏は語る。

「副業での新たな経験を通じてそれぞれが新しいスキルや新たな思考を獲得し、成長を感じ、本業に還元しています。また、副業を経験することで本業の魅力、自身が本業で経験し備えてきたスキルに気付き、本業への向き合い方に良い影響を与えています。副業する社員の上司に話を聞くこともありますが、上司からもポジティブな声が多いです」

副業の好事例を横展開するため、同社では副業する社員へのインタビュー記

事をイントラネットに公開している［図表5-4］。インタビュー記事では、副業の内容、副業を始めたきっかけ、本業との両立方法、副業の良い点、本業への還元状況についてQ&A形式で紹介する。

　「社員がどのような副業をして、どのような形で組織へ還元しているのかについては、われわれにとっても一番興味深いところです。組織への還元の在り方は、副業する社員自身に定期的に振り返ってもらっています。また、人事からも副業する社員に直接話を聞き、好事例をイントラネットで全社に共有することで、新たに副業へチャレンジする社員の掘り起こしをしたいと考えています」（秋葉氏）

3 副業人財の受け入れ
アドバイザーとして社外プロフェッショナル人財と業務委託契約。
高い専門性・スキルを新規事業創造の推進に生かす

[1] 副業人財を受け入れる経緯

　KIRIN Work Style 3.0において副業解禁を検討する中で、外部プロフェッショナル人財活用の議論も並行して進め、副業人財の受け入れを決定した。副業人財を社外から受け入れ、高い専門性やスキル・経験等を同社のノウハウと掛け合わせていくことで、自社では保有していない知見等を補い、新たな価値やイノベーションを生み出すこと、組織の活性化につなげていくことを狙いとしている。

　副業人財の受け入れ方法については、さまざまな方法を検討した上で公募に決定。2021年2月に社外サービス会社の転職サイトから1カ月の募集期間にて、業務委託契約を想定して公募を開始した。

　「2020年に副業を解禁し、一定の成果や事例も出てきたので、いよいよ外部の副業人財も活用しようということになりました。また、酒類・飲料に代表される既存領域における新規事業創造や、ヘルスサイエンス領域での新規事業の展開等、社内でも新たなチャレンジが加速していたタイミングでした」（土屋氏）

自身の専門性が高まる業務

所属：XXX
氏名：XXX
現在の職務内容：XXX

「副業は、自分のキャリアの軸、価値観を映すサードプレイスです」

Q. まず、どのような副業をされているのか教えてください。

　副業としての活動は二つやっています。一つは、**キャリアコンサルタント養成機関の授業での事務局サポート**です。以前はリアル、今はオンライン授業の運営アシスタントとして、Zoom の設営や進行フォローをしています。

　もう一つは、**地元の自治体の行動推進委員です。**住民の意見を行政施策に反映させるために活動しています。男女共同参画の施策を首長に答申することを目指し、月 1 回程度のミーティングや、そのための準備をしています。

Q. ところで、副業を始めたきっかけは何だったのですか？

　40 歳のキャリアデザインセミナー受講のときに、きっかけとなる出来事がありました。セミナーで、「キャリアアンカー（キャリア選択の軸）」について触れたのですが、自分には「キャリアアンカー」がない、と気付いたときがくぜんとしました。ちょうど子育て期真っただ中で両立への不安もあったころ、自分のキャリアに対する価値観が確立されていないと気付き、「果たして言われるがままのキャリアでよいのか？」「何を強みにしていけばよいのか？」と考え始めました。

　そして、至った結論は、教育や人を支援することに関わる仕事がしたい、というものでした。これが、自己啓発としてキャリアコンサルタントを取得することにつながり、事務局サポートの副業は、このスキルをアップデートするために始めました。行動推進委員は、たまたま区報で見かけた求人に関心をもち、応募しました。

Q. 本業との両立はどうしているのですか？

　いずれの副業も頻度は高くなく、休日の活動で、予定もあらかじめ決まっているので、特に負担はありません。以前から、**自己啓発のためにある程度時間を割いていた**こともあり、時間の使い道が、インプットである「勉強」から、アウトプットである「副業」へ変わっただけ、という感覚です。

Q. 副業をやってよかったことは何ですか?

　自己啓発は基本的にインプットですが、副業は仕事ですからアウトプットしなければなりません。アウトプットしようとすると、インプット以上に、さまざまな気付きを得ることができます。学んだことを副業にする意義の一つはそこにあるのかもしれません。

　また**副業は、自分の価値観を映すサードプレイス**であり、人生をさらに充実させるものであると思います。私の場合は、「人を支援する」ということが共通項ですが、「自分は何がしたいのか?どうなりたいのか?」と、自己成長を軸にキャリアを描いていくとき、副業はその一翼を担ってくれると思います。本業でのキャリアを大切にしながら、副業を上手に活用してみるとよいのだと思います。

Q. 副業の経験は、本業に還元できていますか?

　今、キャリアコンサルタント養成機関でサポート業務をすることで、そのスキルをアップデートしていますが、その中で蓄積してきた**カウンセリングのスキルが、お客さま対応に役立っています**。それは相手と「同じ絵を見る」、というスキルです。これは、相手の話を聞いたとき、その情景全体を頭でビジュアル化しながら話を聞く手法です。これにより、例えば「液体が勢いよく噴出した」という言葉に対して状況をイメージし、「洋服が汚れたのでは?」「けがをしたのでは?」と想像し、寄り添った対応ができます。

　また、少し別の観点ですが、「キャリア」と関わる副業をしている自分の経験を共有することで、あらゆる方が、ご自身の長所や大切にしたい価値観に気付き、充実したキャリアを歩んでいただけるようなきっかけづくりができたら、という思いもあります。関心がある方とは、ぜひコミュニケーションを取りたいですね。

[2] 取り組みの内容

(1) 公募の内容

　受け入れの概要は、[**図表 5-5**] のとおり。対象の業務内容は、決まっているタスクをプロフェッショナルが直接遂行するパターンと、高い専門性やスキル・経験を基にアドバイザーとして助言するパターンの二つがあると考え、後者の "アドバイザリー型" を想定することにした。同社が新たな事業にチャレンジをする上で、自社にとってどのような組織能力や知見・ノウハウが必要か十分に理解できていない状況であったため、現場がアドバイザーを必要としていたことが背景にある。

　同社が公募したポジションは、同社事業会社であるキリンビールの事業創造部における「IoT エグゼクティブ・アドバイザー」「マーケティング・エグゼ

図表 5-5 副業人財の受け入れの概要

取り組みの狙い	自社では保有していない知見等を補い、新たな価値やイノベーションを生み出すこと、組織の活性化につなげていくこと
副業人財の決定方法	転職サイトにおける公募
募集期間	2021 年 2 月 18 日（木）～ 3 月 17 日（水）
募集内容	業務委託契約を想定し、以下の 2 ポジションを公募 ①キリンビール株式会社 事業創造部 IoT エグゼクティブ・アドバイザー（IoT のプロジェクトでの、要件定義・設計、開発から PoC までの全体進行におけるアドバイザー） ②キリンビール株式会社 事業創造部 マーケティング・エグゼクティブ・アドバイザー（富裕層向けサービスや商品に関わる新規事業等におけるアドバイザー）
結果	① IoT エグゼクティブ・アドバイザー 　⇒事業構想の再考により公募を中断 ②マーケティング・エグゼクティブ・アドバイザー 　⇒ 2 人と業務委託契約を締結
副業人財の受け入れで得られた効果	・応募者との関係性構築 ・組織能力の向上 ・社内の活性化

クティブ・アドバイザー」の二つ。いずれのポジションも非常に高い専門性が求められるものである。

「IoT エグゼクティブ・アドバイザー」の募集内容は「IoT のプロジェクトでの、要件定義・設計、開発から PoC※2 までの全体進行におけるアドバイザー」であり、社内のノウハウがない状況からの企画であった。また、「マーケティング・エグゼクティブ・アドバイザー」については、あらゆる高付加価値系の富裕層向けの商品など、これまで同社がターゲットとしていない領域に関わるアドバイスを期待した。

「高い専門性や経験を有する人財がスポット的に加入することで事業開発の推進や、既存事業の拡張をする点がキャリア採用との違いです。キャリア採用の場合、基本的には雇用契約で迎えることになるため、本人のキャリア志向や経験が、事業の将来性や求める組織能力ときちんとマッチングしなければなりません。新規事業では何が起こるか分からない状況下、『事業が発展しなければ雇用終了』というわけにはいかず、また、このような高い専門性を持つ人財を雇用するのはマッチングの難易度が高いという問題があります。副業であれば事業へのスポット的な参画を希望する人財が一定数いることも市場研究の中で見えてきたので、広く社外から公募を開始しました」（土屋氏）

※2　PoC（Proof of Concept〔概念実証〕）：新たな概念や理論、アイデア等の実現可能性について、それによって得られる効果や効用、技術的な観点から検証する工程。

(2) 選考フロー

キャリア採用とは異なるアドバイザリー型の人財の選考を進めるに当たり、応募者の経験と求める組織能力のマッチングが非常に重要となる。そのため、副業人財の選考はキャリア採用とは異なる選考内容、ステップで対応することとし、部門担当者と人事担当者共同での書類選考と2回のオンライン面接を実施することとした [図表 5-6]。1次面接では応募者が保有するスキル、募集案件への熱量などを重視。最終面接では、これまでの応募者の経験を深掘りし、取り組みの上で必要なコンピテンシーや活躍イメージを確認した。

図表 5-6 副業人財の選考フロー

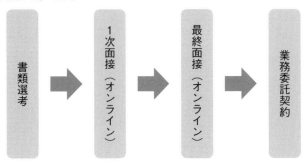

書類選考 → 1次面接（オンライン）→ 最終面接（オンライン）→ 業務委託契約

　公募期間中、募集した2ポジションに対し合わせて約1000件の応募があり、すべての書類選考を丁寧に進めたことから、予想よりも時間を要したという。オンライン面接も1回につき約1時間をかけ、1次面接は40人程度、最終面接は約10人と選考対象を絞っていった。

　「うれしいことにたくさんの応募がありましたが、要件と合致しない方もいたので、まずは保有される経験・スキルをベースにきちんと仕分けることが必要でした。非常に大変でしたが、活躍いただけそうな方の要件を事業創造部できちんと確認するように心掛けました。面接では、今回の公募に何を期待するか、どのような強みを持っているか、どのような経験が今回の要件に生かせるかといった点を人事部門と事業創造部で応募者に細かく尋ね、マッチングを図りました。そのほかに意識したことは、全体を通して応募者を待たせ過ぎないよう、選考を丁寧かつ迅速に進めることです」（土屋氏）

(3) 副業人財の待遇

　初めての取り組みでもあり、副業人財の待遇については悩むところであったため、他社の先行事例も参考としながら自社の考える待遇について検討を進めた。また、同社では、他社も多数参画するキャリアオーナーシップに関するコンソーシアムに出席しており、ここでの情報交換は、その妥当性を確認する機会となった。

副業人財とは 3 カ月単位で契約更新を行うスタイルとした。その他業務委託契約書フォーマットに含めた項目は、以下のとおりである。

・委託業務内容

・委託料

・契約期間

・成果物の権利に関する事項

・契約不適合の担保責任　　　等

　契約者には、月 4 〜 5 日相当の業務を委託し、週 1 日勤務してもらい、1 カ月で約 10 万円の業務委託料を支払う。この約 10 万円の報酬額が一つのポイントだと土屋氏は語る。

　「世間では副業希望者が非常に増えてきていますが、その背景としてコロナ禍で時間ができたことや、人生 100 年時代において自身のスキルや能力の学び直しをし、その幅を広げたいと考える方が増加していることがあります。このような方は、自身にとって副業がいかに上質な成長経験となるかに価値を見いだしているため、副業の目的が単なる報酬ではありません。私たちも高額な報酬ではなく、仕事の内容や課題解決に共感いただける志の高い方と出会いたいと思っていました。決して高額ではない報酬にもかかわらず、この額には見合わないくらいのキャリアを持つ方も多く集まったのでとても驚きました」

(4) 副業人財の状況

　業務に従事する初日はオリエンテーションを開催し、同社グループ概要や携わる予定の事業領域の説明を行うなど、丁寧にインプットする機会を設けた。出社する機会はあるものの、基本的にはオンラインを活用したコミュニケーションで業務を進行していくため、手持ちの端末に必要なシステム等をインストールしたり、業務開始に係る手続きを行ったりする時間も設けた。このように、業務遂行に当たり最低限必要なことは初日で行い、その後に足りないことが出てきた場合は都度対応する形で進めている。

当初公募したポジションの一つである「IoT エグゼクティブ・アドバイザー」については、公募後に同社の事業構想を再考したため、マッチングに至らなかった経緯がある。一方、「マーケティング・エグゼクティブ・アドバイザー」では、業務委託のスタート時期が異なるものの、2人と業務委託契約をする結果となった。これは、選考を進めるうちに多様な専門性を持つ応募者と出会えた結果である。

今回、契約締結に至った2人のうち、1人は❶公募要件どおりの知見に長けている人財、もう1人は❷国内外の新規事業開発におけるコンサルティング経験が豊富な人財である。❷はもともと公募要件とは異なる応募者であったが、選考を通じて同社が抱える課題に対しての助言・サポートを高いレベルで期待できる人財であると判断し、契約することとした。❶にはお客さま理解を進める業務を遂行してもらい、3カ月間で業務委託契約を終了している。❷とは業務委託契約を延長した。

なお、今後も必要に応じて副業人財の募集を通じた外部プロフェッショナル人財との協業を検討することとしている。

[3] 認識している効果

副業人財の受け入れを行ってから間もないが、同社が認識する効果は、大きく①応募者との関係性構築、②組織能力の向上、③社内の活性化の三つである。

(1) 応募者との関係性構築

選考を進める中で、キャリア採用とは大きく異なる点が見えてきている。それは、選考後も応募者と "ゆるく（弱く）" つながりを持ち続けることができる点だ。

スタンフォード大学の社会学者マーク・S. グラノヴェッターが 1973 年に発表した論文「弱い紐帯の強さ（The Strength of Weak Ties）」では、社会的つながりの強い人たち（強い紐帯）よりも、ちょっとした知り合い（弱い紐帯）のほうが、価値ある情報を得やすいという考え方が示されている。副業は上記理論を実践している感触があり、"ゆるいつながり" からのイノベーション」

は今後もポイントになり得ると土屋氏は言う。

「新卒採用やキャリア採用において不合格になると、その企業への気持ちも離れていくケースが多いですが、副業の公募では不合格の方から『また機会があれば連絡ください』といった前向きな言葉をもらうことが多く、驚きました。面接後も、『キリンさんの考えがよく分かりました。応援しています』と言ってもらえるなど、双方で良いコミュニケーションが取れており、今後、事業のさまざまな局面で『あのときの応募者に今のタイミングでお願いしたら面白いイノベーションにつながるのではないか』など、今回の機会を生かせる予感がしています。また、業務委託を終了した後も、参画した事業を応援している旨の連絡をもらっており、副業はこのようなゆるいつながりで深い絆ができる良い機会となっています。さまざまなタレントとの関係性を構築できたところは大きなポイントです」

(2) 組織能力の向上

副業人財の受け入れという形態でなければ出会えなかった人財と業務を進めることができた点も大きい。これまでの社内の発想では届かなかった部分の深い知見や示唆を副業人財から得られたことで、新たな発想へつながり、今後の事業展開への可能性を感じることができている。

一方、受け入れ側が業務において副業人財に対して求める能力や目指す業務・事業の姿を的確に認識していなければ、副業人財との協業が難しくなってしまうため、人財要件の "解像度" を上げる（きめ細かく設定する）ことが一つのポイントであることを学んだという。

(3) 社内の活性化

事業創造部での取り組みを開始したのち、副業人財の受け入れに関する問い合わせが他部門から増えている。主には新規事業開発や R&D などの部門であり、人事総務部がヒアリングを受けているという。今後の組織能力強化策について、これまで取り組んできた内部人財の育成・配置や新規採用以外にも、新

たに副業人財など外部人財を活用していく可能性を吟味していく機会となった。このように、社内の他部門の関心を集め、気付きを与えたことも一つの効果である。

4 | 今後の展望と他社へのメッセージ
新たな副業の在り方を模索し、イノベーション創発につなげる

[1] 今後の展望

(1) 課題

　社外での業務に従事することを通じて、「深い専門性」や「新たな視点・経験」を社員一人ひとりが獲得することは、自身の成長や多様な価値観の醸成につながり、組織においてイノベーション創発などのメリットをもたらすと考えている。このような個人の力について、組織でいかに発揮してもらうかが課題だと認識している。

　「個の経験にとどまらず、お互いがそれぞれの新たな成長経験をもっとオープンに共有し、認め合い、相互に良い刺激を受けていく風土づくりを今後も目指します。同時に、副業に従事する社員の数を増やしていくことも、風土づくりにつながる一つの方向性であるため、事例共有などで社員の副業制度への関心を高めていくことを引き続き考えていきます」（秋葉氏）

(2) 今後の新たな取り組み

　今後の副業の在り方を模索するため、現在は他社と相互に副業人財を受け入れる実証実験を開始している。副業は社員が自らやりたいことを探していくスタイルが一般的であるが、他社と相互に人財を受け入れる実証実験により、副業した社員のキャリア意識にどのような変化があるか、また、組織としても社外人財の受け入れがどのような業務の成果につながるのか検証することとしている。さらに、社内の別の部門で業務経験ができる「社内ダブルワーク」についても、主にキャリア支援を目的として仕組みを検討しており、試行予定とし

ている。

[2] 他社へのメッセージ

　最後に、同様の取り組みを検討している企業へのメッセージをいただいた。

　「社員が社外の業務に従事し接点を持つことは、本人の成長や意欲向上に良い影響を与えるだけでなく、同施策を通じ新たな社会課題の発見にもつながるなど、さまざまなインプットを自社にもたらします。期待する効果を得るためのポイントは、制度導入の目的を明確に設定し、それを確実に社員へ伝えて理解浸透を図ることだと思います」（秋葉氏）

　「副業や副業人財の受け入れは、社員と組織の成長において非常に有意義かつ可能性のある施策だと思います。副業人財の受け入れについては、マッチングなど運営方法への工夫が必要であり、一定の工数がかかるので、効果を検証していくことが必要です。他社と情報交換をし、多くの会社で取り組みが広がっていくことで、結果的に副業先が増えることにも寄与するのではないでしょうか。このような取り組みが広がり、挑戦する人財が増えることで、結果として人財の『多様化』や『自律』が加速し、人的資本が高まっていくと思います。私たちの取り組みが、一つの事例として、労働市場における人財力の強化に貢献できればうれしいです」（土屋氏）

■ CORPORATE PROFILE ■

1885 年に設立されたジャパン・ブルワリー・カンパニーの事業を引き継ぎ、1907年創立。2007 年に純粋持株会社制を導入し、キリンホールディングス株式会社に商号変更。コーポレートスローガンは「よろこびがつなぐ世界へ」。「食」「ヘルスサイエンス」「医」の事業領域から社会課題の解決に貢献するイノベーションを生み出し、社会と共に持続的な成長を目指す。

https://www.kirinholdings.com/jp/

本社　東京都中野区中野 4-10-2
資本金　1020 億 4579 万 3357 円
従業員数　3 万 538 人（連結）　　　　　　　〈2022 年 12 月 31 日現在〉

東芝における
副業制度の導入

主体的なキャリア形成を目指し、副業制度を
トライアル導入

取材対応者

人事・総務部 人事企画第二室制度企画グループ
シニアマネジャー　**今西剛久** 氏
人事・総務部 人事企画第二室制度企画グループ　**小谷優太** 氏

(所属・役職は 2021 年の取材当時のもの)

ポイント

❶概要：2020 年 4 月、人事処遇制度の改定に伴い、副業制度をトライアル導入。雇用型ではなく、自営・経営型の副業を事前申請により容認。業務に関連するスキルの向上、および人脈形成、"ライフ"の充実による自己実現・活力の向上を狙いとする

❷現状、社内の声：グループ全体で 100 人超が副業を実施（2021 年度）。年代は 50 代以上のシニア層が半数以上を占める。「業務上のスキルアップができた」「副業で得た人脈を業務に生かせた」「将来や定年退職後の選択肢が広がった」というポジティブな声が多数

❸導入のポイント：「従業員のキャリア形成」「将来のセカンドキャリアを踏まえた準備」「個々人のキャリア」に焦点を当てた目的で導入すると、マネジメント層も一般従業員も前向きに捉えることができる

1 副業制度の概要
3年間のトライアルを経て、2023年度から正式導入

[1] 自営／経営型の副業のみ容認

　2020年4月、同社は人事処遇制度を改定し、人基準から役割基準への転換を図った。その中で、人生100年時代を迎え、一人ひとりのキャリアプランを実現する上で、会社としてどのように支援すべきかを検討し、副業制度をトライアル導入した（同社本体とグループ会社である東芝デジタルソリューションズの2社）。従業員自らが主体的に考えたキャリアを実現していくことで、働きがいや生きがいを感じ、結果として会社への貢献度も向上していくと考えている。

　副業には、①雇用型、②自営／経営型の二つがあるが、①雇用型では副業先との労働時間の通算などの面で課題があるため、同社では2021年時点で、②自営／経営型のみ容認している[**図表 5-7**]。具体的には、「（本業である）当社との雇用契約以外に、個人事業主・フリーランスとして請負・委任契約等による収入を得ること、または、会社経営者（非常勤の役員・取締役）として事業を行う」ものである。業務に関連するスキルの向上、および人脈形成、"ライフ"の充実による自己実現・活力の向上を狙いとする。

　従業員への周知に当たっては、全従業員が閲覧できる社内イントラネット上に、副業トライアルの内容、申請の方法など各種情報を掲載するとともに、人事部の担当者が解説する動画（3分強）を公開した。また、同社が運営するWEBサイト「Toshiba Clip」の中で「働き方の『当たり前』が変わるとき－東芝が『副業』を推進するわけ」（2021/09/22）という記事を紹介するなど、副業を導入する意義を従業員が理解できるように工夫している。

[2] 副業の申請方法

　副業を実施する場合は、秘密保持や競業避止・利益相反に関する事項等の前提条件に同意した上で、副業開始1カ月前までに会社（人事部門）に事前申請

図表 5-7 副業の定義

分類	定　　義	副業の内容（例）	副業先の労働時間の通算	会社として認める範囲
雇用型副業	（本業である）同社との雇用契約以外に、雇用契約を締結して他の企業の指揮命令下で業務し収入を得ること。または、他の企業との雇用契約を継続しながら、同社との間に雇用契約を締結すること	• コンビニエンスストア等でのアルバイト • 正社員／嘱託社員として同社以外に他社でも勤務すること　　等	要	×
自営／経営型副業	（本業である）同社との雇用契約以外に、個人事業主・フリーランスとして請負・委任契約等による収入を得ること、または、会社経営者（非常勤の役員・取締役）として事業を行うこと	• WEB デザインの請負 • クラウドソーシング • 起業・創業 • 実家家業の取締役 • フリーランスのカメラマン	不要	○

**業務に関連するスキルの向上、および人脈形成
"ライフ"の充実による自己実現・活力の向上**

し、承認を受ける必要がある［**図表 5-8**］。まずは本人が上長に「副業・兼業事前申請書」「秘密保持誓約書」を提出する。この申請内容を人事部門でチェックした上、問題がなければ許可する旨を上長に連絡し、上長から本人に通知する。内容によって承認しないこともあり得るが、条件に沿って申請されるため、却下されることはほとんどない。

なお、職種や年齢・勤続等によって制限などは設けず、基本的に誰にでも副業を認めている。副業による労働時間管理、心身の健康管理については、原則として従業員本人の自己管理で対応することとし、労働時間、身体的・精神的負荷状況については本業である同社の上長にも適宜情報共有し、必要に応じて負荷調整を行う。

図表 5-8 副業を認める前提条件

職務専念義務	本業である同社の業務に影響を及ぼさないこと。同社の所定労働日および所定労働時間は同社の業務に専念すること（会社から時間外勤務を命じた場合、その時間を含む）。
秘密保持	同社の名義・サービス名を用いて、または秘密情報（個人情報・営業資産・技術資産等）を用いて副業による事業活動を行わないこと。また、同社の秘密情報（個人情報・営業資産・技術資産等）について社外に漏洩しないこと。
競業避止・利益相反	同業他社の業務、また同業他社の売り上げ・利益につながる業務、その他同社の利益を損なうおそれのある業務に従事しないこと。
公序良俗・反社会的勢力	賭博・性風俗等に関連する業務を行うなど、公序良俗に反しないこと。また、反社会的勢力に関係する業務は行わないこと。
健康管理	副業による労働時間管理、心身の健康管理については、原則として従業員本人の自己管理で対応すること。労働時間、心身の健康管理状況については本業である同社の上長にも適宜情報共有し、必要に応じて負荷調整を行うこと。
納税対応	副業による収入が年間 20 万円以上となる場合には、従業員本人で確定申告の対応を実施すること。
事前申請	副業を行う場合は会社への事前申請制とし、承認された場合のみ副業を行うこと（雇用型副業の申請や、上記の条件を担保できない副業は中止を指示することがある）。
みなし輸出管理対応	外為法に基づく特定類型に該当しないこと。また、事前に誓約書を提出のこと。
副業先での社会保険加入	副業先で社会保険に加入しないこと。具体例としては、個人事業を法人化しないことや被保険者の加入要件を満たさないこと等が挙げられる。
一部ネットワークビジネスの禁止	会社関係者への勧誘・紹介を伴う行為や会社の信頼毀損や従業員としての各種規律違反につながるネットワークビジネス（いわゆる「マルチ・レベル・マーケティング」という仕組みを用いたビジネス）を行わないこと。

2 | 現状、社内の声、今後の展望
直近 2022 年度はグループ全体で 200 人程度が副業を実施

[1] 副業の状況

　2020 年度の状況を見ると、東芝単独は 24 人、東芝デジタルソリューションズは 57 人と、2 社全体で 80 人程度が副業している。職種では研究開発スタッフが大多数で、年代は 50 代以上が半数以上を占める。役職では一般従業員層から課長級まで偏りなく申請している状況だ。副業内容は、例えば他社のシステム開発を請け負う仕事、コンサルティング業務など、システムエンジニア関係が多い。こうした本業を生かす副業もある一方で、もともと持っている資格・スキル、趣味、本人の興味・関心を生かした副業もある ［**図表 5-9**］。

　「若年層ではなくシニア層がボリュームゾーンとなったことは意外でした。従業員への周知段階で、"人生 100 年時代を迎えるに当たって、セカンドキャ

図表 5-9 副業事例

資格・スキル	• 税理士 • 中小企業診断士 • 特殊資格を活用した研修講師 • 翻訳・通訳業 • アナウンス業 • 大学・大学院の講師
業務経験・知識	• 経営コンサルタント • キャリアコンサルタント • アプリケーション開発・販売業 • WEB デザイン業 • ベンチャー企業の設立、経営 • NPO 法人非常勤スタッフ
趣味・興味関心	• フリーランスフォトグラファー • エンターテインメント系イベント運営 • Uber Eats 配送パートナー • ライター業

リアも踏まえた選択肢"として副業制度を打ち出していたことも背景にあると思います。50代以上の従業員も、次のキャリアに向けてチャレンジしている人が多いという印象です」（小谷氏）

[2] 社内の声

　副業により、優秀な人材が流出する懸念や本業への影響はないのだろうか。

　「アンケートで確認したところ、この副業により『他社に転職しようと思った』『本業に支障があった』という回答は見られませんでした。一方で、『本業に対しモチベーションが上がった』という評価は一定程度もらっています。具体的には、『業務上のスキルアップができた』『副業で得た人脈を業務に生かせた』『より生き生きと働けるようになり、それは仕事以外でも刺激を得たことが大きい』といったポジティブな内容です。また、『将来や定年退職後の選択肢が広がった』という声もありました」（小谷氏）

[3] 今後の展望

　トライアル2年目となった2021年度は、新たにグループ会社3社（東芝エネルギーシステムズ株式会社、東芝インフラシステムズ株式会社、東芝デバイス＆ストレージ株式会社）に対象を拡大した（グループ全体で100人超が副業を実施）。

　「副業制度がうまくいくかは、社内的な納得感が得られるか、整合性が取れるかどうかがポイントだと考えています。実際に副業している従業員が100人を超え、制度利用者の評価が良く、上司としても副業する部下がさらに前向きに仕事に臨むようになり、非常に良い効果があったと捉えています。たとえ会社の業績に直結しなくても、好影響をもたらすことが経営層に理解されれば、トライアルという形ではなく本制度として導入することも検討したいです[※]」（今西氏）

※　東芝およびグループ会社4社（東芝エネルギーシステムズ株式会社、東芝インフラシステムズ株式会社、東芝デバイス＆ストレージ株式会社、東芝デジタルソリューションズ株式会社）では2023年4月から副業を正式に導入。

3 | 他社へのアドバイス
個々人のキャリア自律に焦点を当てた取り組みがカギ

　副業制度の導入を検討する企業に向けて、今西氏は次のようにアドバイスする。

　「副業は、『会社の給与プラスアルファで収入を得る』ことだと捉えると、活用がなかなか進まないと思います。『従業員のキャリア形成』や『将来のセカンドキャリアを踏まえた準備』、あるいは『個々人のキャリア』に焦点を当てた目的で導入すると、マネジメント層も一般従業員も比較的前向きに捉えることができる施策だと理解しています。導入を検討している企業は、従業員一人ひとりのキャリア自律を意識して取り組むと、うまくいくのではないでしょうか」

■ CORPORATE PROFILE

1904 年設立。「人と、地球の、明日のために。」をグループ経営理念に掲げる。「社会インフラ」「エネルギー」「電子デバイス」「デジタルソリューション」を主力事業として、インフラサービスカンパニーを目指している。

https://www.global.toshiba/jp/top.html

本社　東京都港区芝浦 1-1-1
資本金　2008 億 6900 万円
従業員数　11 万 6224 人（連結）　　　　　　　　　　〈2022 年 3 月 31 日現在〉

参考資料

厚生労働省
「副業・兼業の促進に関する
ガイドライン」 Q&A

（一部抜粋）

参考資料　厚生労働省「副業・兼業の促進に関するガイドライン」　Q&A
—原則的な労働時間の通算方法の考え方に関する設問を抜粋—

　厚生労働省において策定した「副業・兼業の促進に関するガイドライン」（平成30
年1月策定、令和2年9月改定、令和4年7月改定）の補足資料として、厚生労働
省では令和4年7月にQ&Aをまとめています。

　以下では、特に実務上の注意点が多い、原則的な労働時間の通算方法の考え方に関
する設問を抜粋しました。

┌─────────────────────────────────────┐
　［注］このQ&Aでは、A事業場の使用者Aと時間的に先に労働契約を締結して
　いる労働者が、B事業場（A事業場とは事業主の異なる事業場）の使用者Bと新
　たに労働契約を締結して、副業・兼業を行う場合の考え方を示しています。
　なお、わかりやすさの観点から、「自らの事業場」との表現のかわりに「自社」、
　「他の使用者の事業場」との表現のかわりに「他社」との表現を一部に用いて
　います。
└─────────────────────────────────────┘

〈原則的な労働時間の通算方法の考え方〉

┌─────────────────────────────────────┐
　1−1　自社で雇用されており、かつ、副業・兼業先においても雇用される場合
　には、労働基準法における労働時間等の規定の適用はどうなるのか。
└─────────────────────────────────────┘

（答）
1　労働基準法第38条第1項では、「労働時間は、事業場を異にする場合においても、
　労働時間に関する規定の適用については通算する。」と規定されており、「事業場を
　異にする場合」とは事業主を異にする場合をも含みます。（労働基準局長通達（昭
　和23年5月14日基発第769号））

　　このため、労働者がA事業場でもB事業場でも雇用される場合には、原則として、
　その労働者を使用する全ての使用者（A事業場の使用者Aと、B事業場の使用者B
　の両使用者）が、A事業場における労働時間とB事業場における労働時間を通算
　して管理する必要があります。

2　労働時間を通算した結果、労働基準法第32条又は第40条に定める法定労働時
　間を超えて労働させる場合には、使用者は、自社で発生する法定時間外労働につい

て、同法第36条に定める「時間外労働・休日労働に関する協定」（いわゆる36（サブロク）協定）を労働者代表と締結し、あらかじめ労働基準監督署長に届け出る必要があります（※1）。

　また、使用者は、労働時間を通算して法定労働時間を超えた時間数が、同法第36条第6項第2号及び第3号に定める時間外労働の上限規制（※2）の範囲内となるようにする必要があります。

　加えて、使用者は、労働時間を通算して法定労働時間を超えた時間数のうち自ら労働させた時間について、同法第37条第1項に定める割増賃金を支払う必要があります。

　　※1　なお、副業・兼業の開始時点で、有効な「時間外労働・休日労働に関する協定」が既に存在しており、その協定により、副業・兼業を行う労働者に時間外労働を行わせることができる場合には、副業・兼業の開始のみを理由として、新たに「時間外労働・休日労働に関する協定」を締結する必要はありません（「時間外労働・休日労働に関する協定」に関して以下同じ。）。

　　※2　時間外労働と休日労働の合計について、1か月100時間未満、かつ、「2か月平均」「3か月平均」「4か月平均」「5か月平均」「6か月平均」を全て1か月あたり80時間以内としなければならない要件（単月100時間未満、複数月平均80時間以内の要件）

　これらの労働基準法上の義務を負うのは、当該労働者を使用することにより、法定労働時間を超えて当該労働者を労働させるに至った（すなわち、それぞれの法定外労働時間を発生させた）使用者です。

3　副業・兼業の場合の労働基準法における労働時間等の規定の適用の考え方は以上のとおりであり、
　・　まず労働契約の締結の先後の順に所定労働時間を通算し、
　・　次に所定外労働の発生順に所定外労働時間を通算することによって、
労働時間の通算を行い、労働基準法が適用されることとなります。（参照：設例1～4）
　　※　所定外労働には、所定労働日における所定外労働と、所定休日における労働時間の両方が含まれます。
　　※　また、同法第36条第6項第2号及び第3号に定める時間外労働の上限規制については、通算するべき所定外労働として、所定労働日における所定外労働と、所定休日における労働時間に加えて、自らの事業場の法定休日における労働時間についても、これらの全てを発生順に所定外労働時間として通算することによって労働時間の通算を行い、労働時間の上限規制を遵守する必要があり

ます。

4　具体的に整理すると、A事業場の使用者Aと先に労働契約を締結している労働者が、B事業場の使用者Bと新たに労働契約を締結して副業・兼業を行う場合の労働時間の通算の順序は、①、②、③の順となります。
①　A事業場における所定労働時間
②　B事業場における所定労働時間
　※　副業・兼業の開始前に、まずは①と②を通算します。
　※　上記の通算の結果、自らの事業場の労働時間制度における法定労働時間（通常の労働時間制度の場合は1週40時間、1日8時間）を超える部分がある場合、この法定労働時間を超える部分は法定時間外労働となります。
　※　また、副業・兼業の開始後に、使用者Bは、この法定労働時間を超える部分のうち、自ら労働させた時間について、時間外労働の割増賃金を支払う必要があります。
③　A事業場における所定外労働時間又はB事業場における所定外労働時間（実際に行われた順に通算）
　※　使用者A及び使用者Bは、それぞれ、①と②の通算（所定労働時間の通算）の後、副業・兼業の開始後に、A事業場における所定外労働時間とB事業場における所定外労働時間を、所定外労働が行われる順に通算します。
　※　上記の通算の結果、A事業場又はB事業場の労働時間制度における法定労働時間を超える部分がある場合、それぞれの法定労働時間を超える部分はそれぞれ法定時間外労働となります。すなわち、A事業場では、「上記の通算の結果、A事業場の労働時間制度における法定労働時間を超える部分」が法定時間外労働となり、B事業場では、「上記の通算の結果、B事業場の労働時間制度における法定労働時間を超える部分」が法定時間外労働となります。このため、A事業場、B事業場のいずれも、法定時間外労働が生じることがあります。
　※　使用者A及び使用者Bは、それぞれ、この法定労働時間を超える部分のうち、自ら労働させた時間について、時間外労働の割増賃金を支払う必要があります。

設例

設例1〜4においては、
・　A事業場の使用者A・B事業場の使用者Bともに、自らの下での労働時間に加え、他の使用者の事業場での労働時間も、労働者からの申告等により把握しているものとします。

178

- ・ A事業場・B事業場ともに、同一の労働時間制度（1週40時間、1日8時間）を採用しているものとします。
- ・ A事業場・B事業場ともに、日曜日から土曜日までの暦週を採用しているものとします。
- （注）原則的な法定労働時間を定める労働基準法第32条では、1週間について40時間と、1日について8時間の法定労働時間が定められており、各使用者は、その双方について、通算した労働時間が法定労働時間を超えるかどうかを、確認する必要があります。

（設例1）
　使用者Aと「所定労働時間8時間」を内容とする労働契約を締結している労働者が、A事業場における所定労働日と同一の日について、使用者Bと新たに「所定労働時間2時間」を内容とする労働契約を締結し、それぞれの労働契約のとおりに労働した場合。

（答）
1　A事業場の所定労働時間は8時間であり、法定労働時間内の労働であるため、所定労働時間労働させた場合、使用者Aに割増賃金の支払義務はありません。

2　A事業場で労働契約のとおりに労働した場合、A事業場での労働時間がB事業場の労働時間制度における1日の法定労働時間に達しているため、それに加えてB事業場で労働する時間は、全て法定外労働時間となります。

3　よって、B事業場で当該労働者を労働させるためには、使用者BがB事業場の「時間外労働・休日労働に関する協定」で定めるところによって行わせる必要があります。また、B事業場で労働した2時間は法定時間外労働となり、法定労働時間を超えて労働させた使用者Bは、その2時間の労働について割増賃金の支払義務を負います。

（パターン1）
A事業場：時間的に先に労働契約を締結
　　　　　所定労働時間1日8時間・休憩1時間（7:00 ～ 16:00）
B事業場：時間的に後から労働契約を締結
　　　　　所定労働時間1日2時間（18:00 ～ 20:00）

→　まず労働契約の締結の先後の順に所定労働時間を通算するので、
①　A 事業場における所定労働時間（8 時間）
②　B 事業場における所定労働時間（2 時間）
の順に通算します。
→　①だけで B 事業場の労働時間制度における 1 日の法定労働時間（8 時間）に達するので、B 事業場で行う 2 時間の労働は法定時間外労働となり、使用者 B はその 2 時間について割増賃金を支払う必要があります。

（パターン 2）
※　パターン 1 とは、1 日の中での A 事業場・B 事業場での労働の順を逆にしています。
A 事業場：時間的に先に労働契約を締結
　　　　　所定労働時間 1 日 8 時間・休憩 1 時間（11:00 ～ 20:00）
B 事業場：時間的に後から労働契約を締結
　　　　　所定労働時間 1 日 2 時間（7:00 ～ 9:00）

→　まず労働契約の締結の先後の順に所定労働時間を通算するので、
①　A 事業場における所定労働時間（8 時間）
②　B 事業場における所定労働時間（2 時間）
の順に通算します。
→　①だけで B 事業場の労働時間制度における 1 日の法定労働時間（8 時間）に達するので、B 事業場で行う 2 時間の労働は法定時間外労働となり、使用者 B はその 2 時間について割増賃金を支払う必要があります。

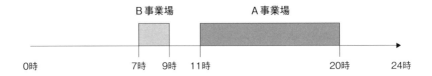

（設例 2）
　使用者 A と「所定労働日は月曜日から金曜日、所定労働時間 8 時間」を内容とする労働契約を締結している労働者が、使用者 B と新たに「所定労働日は土曜日、所定労働時間 5 時間」を内容とする労働契約を締結し、それぞれの労働契約のとおりに労働した場合。

（答）

1　A 事業場での 1 日の労働時間は 8 時間であり、月曜日から金曜日までの 5 日間労働した場合、労働時間は 40 時間となり、法定労働時間内の労働であるため、労働契約のとおり労働させた場合、使用者 A に割増賃金の支払義務はありません。

2　A 事業場で労働契約のとおり労働した場合、A 事業場での月曜日から金曜日までの労働時間が B 事業場の労働時間制度における週の法定労働時間に達しているため、それに加えて B 事業場で土曜日に労働する時間は、全て法定外労働時間となります。

3　よって、B 事業場で当該労働者を労働させるためには、使用者 B が B 事業場の「時間外労働・休日労働に関する協定」で定めるところによって行わせる必要があります。また、B 事業場で土曜日に労働した 5 時間は法定時間外労働となり、法定労働時間を超えて労働させた使用者 B は、その 5 時間の労働について割増賃金の支払義務を負います。

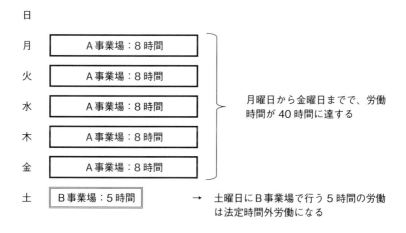

（設例 3）
　使用者 A と「所定労働時間 4 時間」を内容とする労働契約を締結している労働者が、A 事業場における所定労働日と同一の日について、使用者 B と新たに「所定労働時間 4 時間」を内容とする労働契約を締結し、A 事業場で 5 時間労働して、その後 B 事業場で 4 時間労働した場合。

（答）
1　労働時間の通算は、問 1 - 1 に記載しているとおり、
　・　まず労働契約の締結の先後の順に所定労働時間を通算し、
　・　次に所定外労働の発生順に所定外労働時間を通算することによって、
　行います。

2　労働者が A 事業場及び B 事業場で労働契約のとおり労働した場合、1 日の労働時間は 8 時間（A 事業場での所定労働時間 4 時間 ＋ B 事業場での所定労働時間 4 時間）となり、法定労働時間内の労働となります。

3　1 日の所定労働時間が通算して 8 時間に達しているため、A 事業場で労働時間を延長して労働した場合、A 事業場で延長して労働する時間（A 事業場での所定外労働時間）は、全て法定外労働時間となります。

4　よって、A 事業場で労働時間を延長して当該労働者に 1 日 4 時間を超えて労働させるためには、使用者 A が A 事業場の「時間外労働・休日労働に関する協定」で定めるところによって行わせる必要があります。また、A 事業場で所定労働時間を超えて労働した 1 時間は法定時間外労働となり、法定労働時間を超えて労働させた使用者 A は、その延長した 1 時間の労働について割増賃金の支払義務を負います。

（パターン 1）
　A 事業場：時間的に先に労働契約を締結
　　　　　　所定労働時間 1 日 4 時間（7:00 ～ 11:00）
　　　　　　当日発生した所定外労働 1 時間（11:00 ～ 12:00）
　B 事業場：時間的に後から労働契約を締結
　　　　　　所定労働時間 1 日 4 時間（15:00 ～ 19:00）

　→　まず労働契約の締結の先後の順に所定労働時間を通算するので、

① A事業場における所定労働時間（4時間）

② B事業場における所定労働時間（4時間）

の順に通算します。

→ 次に、所定外労働の発生順に所定外労働時間を通算するので、

③ A事業場における所定外労働時間（1時間）

の順に通算します。

→ ①＋②でA事業場の労働時間制度における1日の法定労働時間（8時間）に達するので、A事業場で行う1時間の所定外労働（11:00〜12:00）は法定時間外労働となり、使用者Aはその1時間について割増賃金を支払う必要があります。

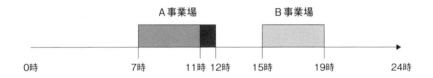

（パターン2）

　※ 設例・パターン1とは、1日の中でのA事業場・B事業場での労働の順を逆にしています。

A事業場：時間的に先に労働契約を締結

　　　　　所定労働時間1日4時間（14:00〜18:00）

　　　　　当日発生した所定外労働1時間（18:00〜19:00）

B事業場：時間的に後から労働契約を締結

　　　　　所定労働時間1日4時間（7:00〜11:00）

→ まず労働契約の締結の先後の順に所定労働時間を通算するので、

① A事業場における所定労働時間（4時間）

② B事業場における所定労働時間（4時間）

の順に通算します。

→ 次に、所定外労働の発生順に所定外労働時間を通算するので、

③ A事業場における所定外労働時間（1時間）

の順に通算します。

→ ①＋②でA事業場の労働時間制度における1日の法定労働時間（8時間）に達するので、A事業場で行う1時間の所定外労働（18:00〜19:00）は法定時間外労働となり、使用者Aはその1時間について割増賃金を支払う必要があります。

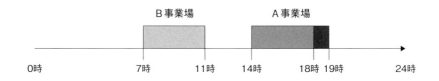

B事業場　　　　　　　　A事業場

0時　　　　　7時　　　　11時　　14時　　　　18時 19時　　　　24時

（設例4）
　使用者Aと「所定労働時間3時間」を内容とする労働契約を締結している労働者が、A事業場における所定労働日と同一の日について、使用者Bと新たに「所定労働時間3時間」を内容とする労働契約を締結し、A事業場で5時間労働して、その後B事業場で4時間労働した場合。

（答）
1　労働時間の通算は、問1－1に記載しているとおり、
　・　まず労働契約の締結の先後の順に所定労働時間を通算し、
　・　次に所定外労働の発生順に所定外労働時間を通算することによって、
行います。

2　労働者がA事業場及びB事業場で労働契約のとおり労働した場合、1日の労働時間は6時間（A事業場での所定労働時間3時間＋B事業場での所定労働時間3時間）となり、法定労働時間内の労働となります。

3　ここで使用者Aが労働時間を2時間延長した場合、A事業場での労働が終了した時点では、B事業場での所定労働時間も含めた当該労働者の1日の労働時間は法定労働時間内であり、A事業場は割増賃金の支払等の義務を負いません。

4　ここまでで、A事業場の所定労働時間とB事業場の所定労働時間を通算し、次にA事業場の所定外労働時間を通算して、1日の労働時間が8時間に達しているため、B事業場で労働時間を延長して労働した場合、B事業場で延長して労働する時間（B事業場での所定外労働時間）は、全て法定外労働時間となります。

5　よって、B事業場で労働時間を延長して当該労働者に1日3時間を超えて労働させるためには、使用者BがB事業場の「時間外労働・休日労働に関する協定」で定めるところによって行わせる必要があります。また、B事業場で所定労働時間を超えて労働した1時間は法定時間外労働となり、法定労働時間を超えて労働させた

使用者Bは、その延長した1時間の労働について割増賃金の支払義務を負います。

（パターン1）
A事業場：時間的に先に労働契約を締結
　　　　　所定労働時間1日3時間（7:00 ～ 10:00）
　　　　　当日発生した所定外労働2時間（10:00 ～ 12:00）
B事業場：時間的に後から労働契約を締結
　　　　　所定労働時間1日3時間（15:00 ～ 18:00）
　　　　　当日発生した所定外労働1時間（18:00 ～ 19:00）

→　まず労働契約の締結の先後の順に所定労働時間を通算するので、
　①　A事業場における所定労働時間（3時間）
　②　B事業場における所定労働時間（3時間）
　の順に通算します。
→　次に、所定外労働の発生順に所定外労働時間を通算するので、
　③　A事業場における所定外労働時間（2時間）
　④　B事業場における所定外労働時間（1時間）
　の順に通算します。
→　①＋②＋③でB事業場の労働時間制度における1日の法定労働時間（8時間）
　に達するので、B事業場で行う1時間の所定外労働（18:00 ～ 19:00）は法定時
　間外労働となり、使用者Bはその1時間について割増賃金を支払う必要があり
　ます。

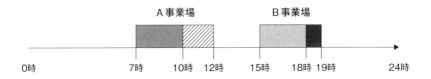

（パターン2）
　※　設例・パターン1とは、1日の中でのA事業場・B事業場での労働の順を逆
　　にしています。
A事業場：時間的に先に労働契約を締結
　　　　　所定労働時間1日3時間（14:00 ～ 17:00）
　　　　　当日発生した所定外労働2時間（17:00 ～ 19:00）
B事業場：時間的に後から労働契約を締結

所定労働時間1日3時間（7:00～10:00）
当日発生した所定外労働1時間（10:00～11:00）

→　まず労働契約の締結の先後の順に所定労働時間を通算するので、
①　A事業場における所定労働時間（3時間）
②　B事業場における所定労働時間（3時間）
の順に通算します。
→　次に、所定外労働の発生順に所定外労働時間を通算するので、
③　B事業場における所定外労働時間（1時間）
④　A事業場における所定外労働時間（2時間）
の順に通算します。
→　①＋②＋③＋（④のうち1時間）でA事業場の労働時間制度における1日の
法定労働時間（8時間）に達するので、A事業場で行う1時間の所定外労働（18:
00～19:00）は法定時間外労働となり、使用者Aはその1時間について割増賃
金を支払う必要があります。

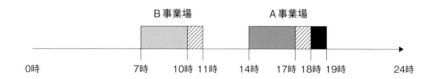

> **1－2**　労働者が自社で従事する業務に適用される労働時間制度と、副業・兼業
> 先で従事する業務に適用される労働時間制度が異なる場合において、労働時間
> の通算はどのように行うのか（変形労働時間制、裁量労働制、フレックスタイ
> ム制など）。

（答）
1　原則的な労働時間の通算方法については、「副業・兼業の促進に関するガイドラ
イン」でお示ししているとおり、労働契約の締結の先後の順に所定労働時間を通算
し、その後、実際に発生した順に所定外労働時間を通算することとなります。

2　これは、所定労働時間を「固定的なもの」、所定外労働時間を「変動的なもの」
と捉え、固定的なものを所与のものとしてあらかじめ通算した上で、その後変動的
なものを管理（通算）していく、という考え方と整理できます。

3　この考え方をもとに、労働時間制度ごとの「固定的なもの」「変動的なもの」については、次ページ以下のように考えられます。

〔労働時間制度ごとの考え方〕

	固定的なもの (固定的な労働時間)	変動的なもの (変動的な労働時間)
変形労働時間制 (1 か月単位、 1 年単位、 1 週間単位)	所定労働時間	所定外労働時間 (所定労働日における所定外労働と、所定休日における労働時間の両方)
フレックス タイム制	下記「フレックスタイム制に関する労働時間の通算の考え方」参照	
事業場外みなし 労働時間制	所定労働時間	①所定労働日のうち、事業場外で業務に従事し、当該業務に関して「業務の遂行に通常必要とされる時間」労働したものとみなされる日について、 ・労働時間の全部について事業場外で業務に従事した場合は、その「業務の遂行に通常必要とされる時間」が所定労働時間を超えた時間 ・労働時間の一部について事業場外で業務に従事した場合は、事業場内で労働した時間と、事業場外で従事した業務に係る「業務の遂行に通常必要とされる時間」とを合算した上で、合算した時間のうち、所定労働時間を超えた時間 ②（ア）所定休日のうち、事業場外で業務に従事し、所定労働日における所定労働時間労働したとみなされる日について、 ・その所定労働時間 ②（イ）所定休日のうち、事業場外で業務に従事し、当該業務に関して「業務の遂行に通常必要とされる時間」労働したものとみなされる日について、 ・労働時間の全部について事業場外で業務に従事した場合は、その「業務の遂行に通常必要とされる時間」 ・労働時間の一部について事業場外で業務に従事した場合は、事業場内で労働した時間と、事業場外で従事した業務に係る「業務の遂行に通常必要とされる時間」とを合算した時間

裁量労働制	所定労働日における みなし労働時間	所定休日における労働時間

[注] 自らの事業場の法定休日における労働時間（自らの事業場における法定休日に自ら労働させた時間）は、いずれの労働時間制度においても「変動的な労働時間」として労働時間の通算を行うこととなります。

［フレックスタイム制に関する労働時間の通算の考え方］

　　フレックスタイム制を導入している事業場（Ａ事業場）においてフレックスタイム制で労働している労働者が、新たに別の事業場（Ｂ事業場）においてフレックスタイム制でない形で働く場合、当該別の事業場（Ｂ事業場）では、法定労働時間の関係で、日・週ごとに労働時間を通算して管理する必要がある一方で、フレックスタイム制の事業場（Ａ事業場）における日々の労働時間は固定的なもの（固定的な労働時間）がなく予見可能性がないということが生じます（フレックスタイム制の事業場（Ａ事業場）において、固定的な「コアタイム」を設けている場合でも、コアタイム以外の労働時間について予見可能性がないということが生じます。）。

　　こうした状況を踏まえた上で、フレックスタイム制の事業場においてもフレックスタイム制でない事業場においても副業・兼業に伴う労働時間の通算を適切に行うことができるよう、フレックスタイム制に関する労働時間の通算における「固定的なもの」「変動的なもの」は、以下のように考えられます。

　　※　フレックスタイム制の制度の詳細（労働時間の通算関係以外）については、パンフレット「フレックスタイム制のわかりやすい解説＆導入の手引き」を御覧ください。

　　　　https://www.mhlw.go.jp/content/000476042.pdf

（１）フレックスタイム制でない事業場における労働時間の通算の考え方

　　フレックスタイム制でない事業場（Ｂ事業場）においては、上記のとおり、フレックスタイム制の事業場（Ａ事業場）における日々の労働時間は固定的なものがなく予見可能性がないことから、フレックスタイム制の事業場（Ａ事業場）における労働時間と自らの事業場（Ｂ事業場）における労働時間の通算を行うに当たって、

　　・　フレックスタイム制の事業場（Ａ事業場）における１日・１週間の所定労働時間を、清算期間における法定労働時間の総枠の１日・１週分（１日８時間・１週40時間）であると仮定して、フレックスタイム制の事業場（Ａ事業場）における労働時間について１日８時間・１週40時間を「固定的な労働時間」とし、

- ・ 次に、自らの事業場（B事業場）における「固定的な労働時間」（所定労働時間など、各労働時間制度において固定的なものと捉える労働時間：表参照）を、法定外労働時間として通算し、
- ・ 次に、自らの事業場（B事業場）における「変動的な労働時間」（所定外労働時間など、各労働時間制度において変動的なものと捉える労働時間：表参照）を、法定外労働時間として通算し、
- ・ 最後に、フレックスタイム制の事業場（A事業場）における清算期間における法定労働時間の総枠を超えた時間を通算する

こととなります。

※ 「フレックスタイム制の事業場（A事業場）における1日・1週間の所定労働時間を、清算期間における法定労働時間の総枠の1日・1週分（1日8時間・1週40時間）であると仮定」した上で労働時間の通算を行うという考え方を採用する理由は、この仮定により、B事業場が労働時間の通算に用いる「A事業場における日々の労働時間」に予見可能性を持たせることで、B事業場が自らの事業場における労働時間のうち法定労働時間を超える部分について予見できるようにし、これによりB事業場において「時間外労働・休日労働に関する協定」の締結時に「法定労働時間を超える時間数」を適正な時間数として定められるようにすることにあります。

なお、上記の労働時間の通算の考え方は、B事業場が労働時間の通算に用いる「A事業場における日々の労働時間」を予見可能とするための便宜的なものですので、B事業場において、
- ・ 使用者Bが、副業・兼業を行う労働者のA事業場における日ごとの労働時間を把握しており、
- ・ A事業場における日ごとの労働時間とB事業場における労働時間を通算しても法定労働時間の枠に収まる部分が明確となっている

場合にまで、使用者Bが、B事業場における時間外労働の上限規制の遵守や割増賃金の支払を行うに当たり、A事業場における労働時間を1日8時間・1週40時間の前提で行うことまでを求めるものではなく、副業・兼業を行う労働者のA事業場における日ごとの労働時間と自らの事業場における日ごとの労働時間を通算して法定労働時間内に収まる部分の労働時間について、自らの事業場における時間外労働とは扱わず割増賃金を支払わないこととすることは差し支えありません。

ただし、このように、使用者Bが、労働者のA事業場における実際の労働時間を用いて、労働時間の通算を行うこととした場合、フレックスタイム

制の清算期間の範囲内においては、全てその方法で行う必要があり、「労働者からの申告等によって把握したA事業場における実際の労働時間が8時間未満の場合には実際の労働時間を用いて通算し、8時間を超える場合には1日8時間と仮定して通算を行う」ということは認められません。

※　使用者Bが、
・　「フレックスタイム制の事業場（A事業場）における1日・1週間の所定労働時間を、清算期間における法定労働時間の総枠の1日・1週分（1日8時間・1週40時間）であると仮定」した上で労働時間の通算を行う場合
・　労働者のA事業場における実際の労働時間（日ごとの労働時間）を、労働者からの申告等により把握し、当該時間を用いて労働時間の通算を行う場合
のいずれの場合においても、通算して時間外労働となる時間のうち、使用者Bが労働させた時間（1日・1か月等の時間外労働）について、B事業場における「時間外労働・休日労働に関する協定」の延長時間の範囲内となっている必要があることに留意が必要です。
　　また、使用者Bが労働時間の通算方法として上記のいずれの方法を採用する場合においても、どのような通算方法を採用するかについて、使用者Bと副業・兼業を行う労働者との間で、副業・兼業の開始前にあらかじめ確認しておくことが重要です。

（2）フレックスタイム制の事業場における労働時間の通算の考え方
　ア　フレックスタイム制の清算期間が1か月以内の場合
　　　フレックスタイム制の事業場（清算期間が1か月以内のもの）が、自らの事業場（A事業場）における労働時間とフレックスタイム制でない他の事業場（B事業場）における労働時間の通算を行うに当たっては、
・　自らの事業場（A事業場）における清算期間における法定労働時間の総枠の範囲内までの労働時間について「固定的な労働時間」とし、
・　次に、当該清算期間中の他の事業場（B事業場）における「固定的な労働時間」（所定労働時間など、各労働時間制度において固定的なものと捉える労働時間：表参照）を、「固定的な労働時間」として通算し、
・　次に、当該清算期間中の他の事業場（B事業場）における「変動的な労働時間」（所定外労働時間など、各労働時間制度において変動的なものと捉える労働時間：表参照）を、「変動的な労働時間」として通算し、

・　清算期間の最後に、自らの事業場（A事業場）における清算期間における法定労働時間の総枠を超えた労働時間を、「変動的な労働時間」として通算する

こととなります。

イ　フレックスタイム制の清算期間が1か月を超える場合
　　フレックスタイム制の事業場（清算期間が1か月を超えるもの）においては、
①　1か月ごとに、週平均50時間を超えた労働時間
②　清算期間を通じて、法定労働時間の総枠を超えて労働した時間（①でカウントした労働時間を除く）
の両方が法定時間外労働となり、「清算期間の最終月以外の月」と「清算期間の最終月」で法定時間外労働のカウントの方法が異なることから、自らの事業場（A事業場）における労働時間とフレックスタイム制でない他の事業場（B事業場）における労働時間の通算を行うに当たっては、「清算期間の最終月以外の月」と「清算期間の最終月」でそれぞれ以下のとおりとなります。
（ア）清算期間の最終月以外の月
　　・　その月の自らの事業場（A事業場）における労働時間のうち、週平均50時間となる範囲内までの労働時間（週平均50時間となる月間の労働時間数の算出方法：週50時間×当該月の暦日数÷7日）について「固定的な労働時間」とし、
　　・　次に、当該月の他の事業場（B事業場）における「固定的な労働時間」（所定労働時間など、各労働時間制度において固定的なものと捉える労働時間：表参照）を、「固定的な労働時間」として通算し、
　　・　次に、当該月の他の事業場（B事業場）における「変動的な労働時間」（所定外労働時間など、各労働時間制度において変動的なものと捉える労働時間：表参照）を、「変動的な労働時間」として通算し、
　　・　その月の最後に、自らの事業場（A事業場）における労働時間のうち、週平均50時間を超過した労働時間（①）を、「変動的な労働時間」として通算する
　　こととなります。
（イ）清算期間の最終月
　　・　最終月の自らの事業場（A事業場）における労働時間のうち、週平均50時間となる範囲内までの労働時間（週平均50時間となる月間の労働時間数の算出方法：週50時間×当該月の暦日数÷7日）であって、かつ、清算期間における法定労働時間の総枠の範囲内の労働時間について「固

定的な労働時間」とし、

・　次に、最終月の他の事業場（B事業場）における「固定的な労働時間」（所定労働時間など、各労働時間制度において固定的なものと捉える労働時間：表参照）を、「固定的な労働時間」として通算し、

・　次に、最終月の他の事業場（B事業場）における「変動的な労働時間」（所定外労働時間など、各労働時間制度において変動的なものと捉える労働時間：表参照）を、「変動的な労働時間」として通算し、

・　最終月の最後に、

②　最終月の自らの事業場（A事業場）における労働時間のうち、週平均50時間を超過した労働時間

③　自らの事業場（A事業場）における清算期間における法定労働時間の総枠を超えた労働時間（算出方法：清算期間における総実労働時間－最終月以外の月において①でカウントした労働時間－最終月において②でカウントした労働時間－清算期間における法定労働時間の総枠）

を、「変動的な労働時間」として通算する

こととなります。

〈具体的な考え方のイメージ〉
注）使用者A・B双方の事業場における法定労働時間を1日8時間・週40時間、所定労働日を月～金曜日、法定休日を日曜日と仮定して作成。

○　右図はフレックスタイム制の事業場とフレックスタイム制でない事業場との間で、労働時間の通算を行う場合の、一例を図示したものです。

○　B事業場では、A事業場における労働時間について1日8時間・1週40時間を「固定的な労働時間」として通算していますが、［フレックスタイム制に関する労働時間の通算の考え方］の（1）の※に示したとおり、B事業場において、使用者Bが、副業・兼業を行う労働者のA事業場における日ごとの労働時間を把握しており、A事業場における日ごとの労働時間とB事業場における労働時間を通算しても法定労働時間の枠に収まる部分が明確となっている場合は、副業・兼業を行う労働者のA事業場における日ごとの労働時間と自らの事業場における日ごとの労働時間を通算して法定労働時間内に収まる部分の労働時間について、自らの事業場における時間外労働とは扱わず割増賃金を支払わないこととすることは差し支えありません。

フレックスタイム制の事業場
（A事業場）の場合

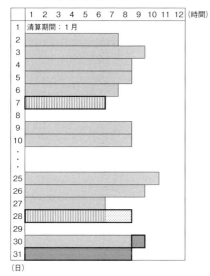

（日）

⬜ : A所定労働（清算期間における労働時間の総枠）

⬛ : A所定外労働（清算期間における労働時間の総枠超）

▥ : B所定労働

▦ : B所定外労働

□ : Aからみた時間外労働（上限規制の対象）【時間／月の値】

▨ : Aでの時間外労働（36協定、割増賃金支払の対象）【時間／月の値】

フレックスタイム制でない事業場
（B事業場）の場合

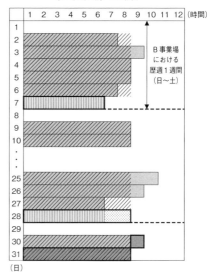

（日）

⬜ : A所定労働（A清算期間における労働時間の総枠）

⬛ : A所定外労働（A清算期間における労働時間の総枠超）

▨ : Bが通算に使用できる固定的な時間（⬜の1日・1週の平均）

▥ : B所定労働

▦ : B所定外労働

□ : Bからみた時間外労働（上限規制の対象）【時間／週の値】

▨▥ : Bでの時間外労働（36協定、割増賃金支払の対象）【時間／週の値】

> **1-3** 変形労働時間制の採用や労働基準法第40条の特例対象事業場への該当により、法定労働時間が1日8時間、週40時間とならない場合は、どのように労働時間の通算を行うのか。また、フレックスタイム制の場合はどうか。

（答）

1　1日、1週間の法定労働時間が異なる場合においても、労働時間の通算については、自らの事業場における労働時間と他の使用者の事業場における労働時間を通算し、自らの事業場における労働時間制度に照らして、法定労働時間を超えるか否か等を判断することとなります。

2　具体的には、先に契約したA事業場（法定労働時間は週40時間）において週30時間、後に契約したB事業場（法定労働時間は週44時間）において週15時間の所定労働時間がある場合において、労働者がA事業場及びB事業場で労働契約のとおり労働した場合、1週間の労働時間は通算して45時間になりますが、

・　A事業場においては、5時間が時間外労働（ただし、Aが時間外労働を行わせることにはなりませんので、使用者Aにおいて36協定の締結や割増賃金の支払は不要）

・　B事業場においては、1時間が時間外労働（Bが1時間の時間外労働を行わせることになりますので、使用者Bにおいて36協定の締結や割増賃金の支払が必要）

となります。

　また、更に所定外労働が発生した場合は、A事業場においては5時間の時間外労働の次に、B事業場においては1時間の時間外労働の次に、それぞれ、所定外労働の発生順に所定外労働時間を通算することとなります。このような場合、事業場ごとに、5割以上の割増率が必要となる月60時間の時間外労働に到達するタイミングが異なる点に留意が必要です。

3　フレックスタイム制については、フレックスタイム制を採用している事業場においては基本的に清算期間で、そうでない事業場では1日・1週ごとに、時間外労働の有無を把握することになります。

　したがって、労働時間の通算については、通算した時間に基づき、それぞれの事業場で必要な単位で時間外労働の有無を把握していくことになります。

　この場合に、フレックスタイム制の場合は、あらかじめ固定的な日・週の労働時間が決まっていないことから、問1-2で考え方をお示ししておりますので、御参照ください。

> **1−4** 法定休日における労働時間はどのように通算するのか。

（答）

1　自らの事業場における法定休日に自ら労働させた場合は、休日労働となり、休日労働の割増賃金が必要になるほか、単月 100 時間未満・複数月平均 80 時間以内の時間外労働の上限規制については、休日労働の時間も含むこととされています。

2　労働者が、他の使用者の事業場において、他の使用者の事業場の法定休日に労働を行った場合は、自らの事業場における法定休日の労働ではないため、自らの事業場の労働時間と通算する場合には、他の使用者の事業場における所定外労働として取り扱うこととなります。

3　また、労働者が、他の使用者の事業場において、自らの事業場の法定休日に労働を行った場合は、当該他の使用者の事業場においては所定労働時間又は所定外労働時間となり、自らの事業場においては、自らの事業場における法定休日であったとしても、自らが指示した労働ではないため、他の使用者の事業場における所定労働時間又は所定外労働時間として取り扱うこととなります。

> **1−5** 起算日が異なる 1 週間の労働時間はどのように通算するのか。

（答）

1　1 週間の労働時間の管理について、事業場ごとに異なる曜日を起算日としている場合が想定されます。

2　この場合においても、労働時間の通算に当たっては、自らの事業場における起算日からの 1 週間を基準として、当該 1 週間における他の使用者の事業場における所定労働時間・所定外労働時間をそれぞれ通算することになります（例えば、自らの事業場における起算日が日曜日、他の使用者の事業場における起算日が水曜日の場合でも、通算すべき他の使用者の事業場における労働時間は、各週の日曜日から土曜日までのものとなります。他の使用者の事業場における水曜日から火曜日までの労働時間を通算するものではありません。）。

■執筆者プロフィール

第1章 近年の副業に関する動向、第3章 副業人材を受け入れる場合の労務管理（前半）

小林祐児　こばやし ゆうじ

株式会社パーソル総合研究所 上席主任研究員

上智大学大学院 総合人間科学研究科 社会学専攻 博士前期課程 修了。NHK放送文化研究所に勤務後、総合マーケティングリサーチファームを経て、2015年入社。労働・組織・雇用に関する多様なテーマについて調査・研究を行っている。専門分野は人的資源管理論・理論社会学。著書に『リスキリングは経営課題　日本企業の「学びとキャリア」考』（光文社）、『早期退職時代のサバイバル術』（幻冬舎）など多数。

第2章 社員が副業を始める際の労務管理、第3章 副業人材を受け入れる場合の労務管理（後半）

今泉叔徳　いまいずみ よしのり

特定社会保険労務士　社会保険労務士法人 大野事務所 パートナー社員

東京都立大学法学部法律学科卒業。都内法律事務所にて労働法実務を学んだ後、2005年に大野事務所入所。日常的な労務管理に関する相談をはじめ、労務診断、株式公開支援、人事制度に関するコンサルティング等に従事する。

第4章 Q&Aで押さえる副業の実務

田村裕一郎　たむら ゆういちろう

弁護士・ニューヨーク州弁護士　多湖・岩田・田村法律事務所

慶應義塾大学法学部卒業、Virginia Law School 修了。主な著書に『合同労組への対応』『未払残業代請求への解決策と予防策』（いずれも労働調査会）などがある。YouTube にて「弁護士田村裕一郎チャンネル（企業・士業のための労働トラブル対応の予防策と事後策）」を運営。

井上紗和子　いのうえ さわこ

弁護士　多湖・岩田・田村法律事務所

大阪大学法学部卒業、京都大学大学院法学研究科法曹養成専攻修了。主な寄稿記事（共著）として、「Q&Aで押さえる副業・兼業の実務」（『労政時報』第4038号－22.7.8、労働行政）、「副業・兼業における労務管理のポイント」（同第4007号－21.1.8/1.22）、「ウィズコロナ時代の安全配慮義務」（『ビジネスガイド』2020年9月号、日本法令）などがある。

カバーデザイン／株式会社志岐デザイン事務所
本文デザイン・印刷・製本／三美印刷株式会社

人事部のための
副業・兼業管理の実践ノウハウ

2023年8月4日　初版発行

編　者　一般財団法人 労務行政研究所
発行所　株式会社 労務行政
　　　　〒141-0031　東京都品川区西五反田3-6-21
　　　　　　　　　　住友不動産西五反田ビル3階
　　　　TEL：03-3491-1231
　　　　FAX：03-3491-1299
　　　　https://www.rosei.jp/

ISBN978-4-8452-3441-7